Vivre à deux: plaisir ou cauchemar?

Couverture
- Maquette:
  GAÉTAN FORCILLO

Maquette intérieure
- Conception graphique:
  ANDRÉ LALIBERTÉ

Équipe de révision
- Jean Bernier, Danielle Champagne, Michelle Corbeil, Louis Forest,
  Monique Herbeuval, Hervé Juste, Odette Lord,
  Paule Noyart, Normand Paiement, Jacqueline Vandycke

DISTRIBUTEURS EXCLUSIFS:

- Pour le Canada:
  AGENCE DE DISTRIBUTION POPULAIRE INC.*
  955, rue Amherst, Montréal H2L 3K4 (tél.: 514-523-1182)
  *Filiale de Sogides Ltée

- Pour la France et l'Afrique:
  INTER-FORUM
  13, rue de la Glacière, 75013 Paris (tél.: 570-1180)

- Pour la Belgique, la Suisse, le Portugal, les pays de l'Est:
  S.A. VANDER
  Avenue des Volontaires, 321, 1150 Bruxelles (tél.: 011-32-276-9806)

Jean-Marie Duval

Vivre à deux: plaisir ou cauchemar?

Centre interdisciplinaire de Montréal Inc.

5055, avenue Gatineau Montréal H3V 1E4 (514) 735-6595

LES ÉDITIONS DE L'HOMME *

CANADA: 955, rue Amherst, Montréal H2L 3K4

*Division de Sogides Ltée

Bibliothèque nationale du Québec
Dépôt légal — 3e trimestre 1984

ISBN 2-7619-0362-5

"Aimez-vous l'un l'autre, mais ne faites pas de l'amour une entrave; ...Emplissez chacun la coupe de l'autre mais ne buvez pas à une seule coupe... Chantez et dansez ensemble et soyez heureux, mais demeurez chacun seul, de même que les cordes d'un luth sont seules cependant qu'elles vibrent de la même harmonie... Et tenez-vous ensemble, mais pas trop proches non plus: car les piliers du temple s'érigent à distance, et le chêne et le cyprès ne croissent pas dans l'ombre l'un de l'autre."

Khalil Gibran

*(**Note:** Les chiffres entre parenthèses renvoient aux titres cités dans la bibliographie à la fin de l'ouvrage.)*

Préface

J'ai accepté avec grand plaisir de préfacer les réflexions de Jean-Marie Duval sur les joies et les périls de la vie à deux. C'est en effet pour moi une joie de constater que les principes et les applications de la méthode émotivo-rationnelle que je travaille depuis des années à répandre dans les milieux francophones sont ici exposés avec clarté. Clarté qu'on ne peut que louer dans un domaine où les idées chimériques et les comportements aberrants ne sont malheureusement que trop fréquents.

Les êtres humains continueront probablement pendant encore longtemps à préférer vivre à deux plutôt que seuls, croyant parvenir ainsi plus sûrement au bonheur que nous cherchons tous. On est cependant contraint de constater que, loin de les mener à cet objectif, la vie à deux constitue pour une majorité un échec plus ou moins douloureux. Faudrait-il donc conclure qu'il vaut mieux vivre seul, sans attache étroite avec quiconque? Il semble que cette solution radicale ne soit pas vraiment réaliste et qu'on ne puisse pas faire la preuve qu'une quelconque incapacité empêche la majorité des êtres humains de réaliser une vie à deux plus agréable que désagréable. Il vaut mieux examiner de près, comme le fait Jean-Marie Duval, les conceptions, croyances et préjugés dont la présence dans l'esprit des partenaires produit un ensemble d'émotions négatives qui, elles, rendent la vie à deux inutilement pénible. Ce n'est pas la vie à deux qui *cause* ces ennuis, mais bien plutôt la mentalité des partenaires qui s'y engagent. Voilà ce que l'auteur souligne vigoureusement et opportunément tout au long de son ouvrage; ceci, à mon avis, en constitue la valeur fondamentale. Il ne manque pas de volumes regorgeant de sages conseils à l'usage des couples, mais il en est bien peu qui se préoccupent de l'état émotif des personnes auxquelles ces conseils s'adressent. Et pourtant, un instant de réflexion permet de prévoir que ces sages conseils tomberont dans l'oreille d'un sourd, s'ils sont adressés à une personne en proie à l'anxiété, à la colère, à la culpabilité, aux sentiments dépressifs.

L'ouvrage de Jean-Marie Duval témoigne de sa solide compréhension des principes de base de la méthode émotivo-rationnelle. C'est avec netteté qu'il analyse les rapports entre les croyances, les émotions et l'action et qu'il en tire de judicieuses applications au domaine de la vie à deux. Toute personne qui pense s'engager dans ce style de vie ou qui s'y trouve déjà aura intérêt à se pencher sur les réflexions de l'auteur et à s'exercer à mettre en pratique les procédures qu'il recommande. Je suis persuadé que le lecteur y trouvera la source d'une amélioration pour sa vie personnelle et pour celle du couple dont il fait partie.

Lucien Auger, Ph.D.
Centre Interdisciplinaire de Montréal Inc.

Introduction

Que peut bien apporter de nouveau une publication de plus sur le mariage? N'a-t-on pas tout dit à ce propos? Doit-on conclure, à en juger par les nombreux tourments humains que le mariage occasionne encore, que tous les exposés, toutes les recherches et réflexions philosophiques ont failli dans leur tentative de mise en lumière de ce sujet? Quoi qu'on en dise, le mariage demeure une institution dont la vivacité n'est pas menacée, et beaucoup d'êtres humains semblent animés d'un désir insatiable de franchir les quelques décennies séparant leur naissance de leur mort en compagnie d'un partenaire. Si cet entêtement est facilement explicable, la préparation rudimentaire à laquelle les candidats se soumettent pour trouver le bonheur recherché l'est beaucoup moins.

L'objectif principal de ces pages est d'attirer l'attention des couples que la vie conjugale intéresse sur un certain nombre de croyances admises depuis des siècles mais dont les fondements me semblent néanmoins précaires. Je n'ai donc pas l'intention ni la prétention d'exposer une nouvelle théorie du mariage, la confusion à propos de celles déjà existantes m'apparaissant suffisamment considérable. Je me contenterai de remettre en question un certain nombre d'affirmations sur lesquelles s'édifient de nombreuses fréquentations et unions conjugales. Plusieurs de ces interrogations sont le fruit de réflexions parfois douloureuses auxquelles j'ai été confronté, et ce dans ma propre expérience d'apprentissage de vie à deux. J'ai été, comme tant d'autres, mal préparé au mariage. Même si la lecture de ces réflexions n'a pour conséquence que de favoriser, chez le lecteur, la naissance d'un doute, même fragile, face à des perceptions souvent naïves du mariage, ce livre aura été utile. Peu d'exposés réalistes mettent les humains en face des difficultés qui les attendent dans la cohabitation. La tradition a malheureusement mis l'accent sur certaines croyances qui ont contribué à perpétuer l'instabilité du mariage, à en favoriser l'échec. De plusieurs de ces expériences malheureuses semblent se dégager des conclusions utiles à ceux et à celles qui voudraient éviter les pièges dans lesquels sont tombés leurs aînés. C'est à la détection de ces guet-apens et embuscades en tous genres que vous convie la lecture de ce livre.

L'exposé que j'entreprends tentera de montrer l'importance d'une préparation adéquate à la gestion d'un mariage réaliste. Il soulignera le peu d'intérêt que porte le système scolaire à l'élaboration de programmes de formation à la vie à deux négligeant le fait qu'une majorité d'humains choisissent de vivre avec un partenaire. Personne ne s'improvise ingénieur, médecin, infirmière, pilote de ligne ou architecte. Pourquoi le difficile apprentissage de la vie à deux échappe-t-il à cette règle? La réussite conjugale n'est-elle pas porteuse de plaisirs aussi intenses que l'accomplissement professionnel? Consacrer de l'énergie à la préparation au mariage pourrait tout au moins soulager, sinon épargner, de nombreux et douloureux ennuis.

En dépit des nombreuses ressources personnelles et sociales qu'ont à leur disposition des conjoints désireux de réussir leur mariage, celui-ci porte souvent en lui le germe de l'incompatibilité et est voué à l'échec. La perspective d'une rupture envisagée d'une façon saine et civilisée réduira au minimum les inconvénients émotifs que cette rupture favorise.

Il me reste à remercier chaleureusement Odette, avec qui je partage ma vie depuis maintenant treize ans. Son ardente tendresse, son esprit critique et sa perspicacité ont contribué largement au développement de ma propre réflexion à des heures où j'ai maladroitement songé à divorcer. Je veux exprimer ma profonde gratitude à Lucien Auger pour m'avoir témoigné sa confiance en ma capacité d'écrire, pour avoir apporté, par ses critiques éclairées, d'innombrables nuances aux propos souvent nébuleux qui ont précédé cette parution et pour m'avoir fait l'honneur de préfacer ce livre. Je remercie également Diane Kirouac pour avoir réussi à déchiffrer des dizaines de pages d'un manuscrit parfois incompréhensible à l'auteur lui-même. Je veux finalement témoigner ma reconnaissance à quelques ami(e)s intimes dont les encouragements chaleureux ont contribué à maintenir mon intérêt dans la rédaction de ces propos.

Chapitre premier

Séparation et divorce aujourd'hui

Il n'est probablement pas exagéré de prétendre que la conception traditionnelle du mariage est aujourd'hui, pour bon nombre d'êtres humains, fortement remise en question. Il suffit, pour s'en convaincre, de constater le nombre grandissant de séparations et de divorces depuis 20 ans, sans compter les unions malheureuses et routinières.

Le nombre de requêtes en divorce dans la province de Québec depuis 1975 n'a cessé d'augmenter. En effet, un relevé récent effectué auprès de la Direction générale des greffes au ministère de la Justice du Québec indique une augmentation de 37,1% des requêtes en divorce en 1972 par rapport aux quatre années antérieures réunies. Cette augmentation passe à 38,4% en 1973 par rapport à 1972. De 1973 à 1974, l'augmentation est de 39,1%. Mise à part une minime diminution de 1,9% en 1975, toutes les années postérieures à 1975 accusent des augmentations faibles mais stables du nombre de requêtes en divorce. De 1971 à 1975, l'augmentation au Québec des avis de dissolutions (divorces) a donc été de 169%, passant de 5 200 à 14 000 (8). Depuis 1975 le nombre se maintient entre 14 000 et 15 000 par année à l'exception de 1980 et 1981 où il a été de 13 000 et de 12 250. Ces chiffres ne font pas état des séparations légales et des ruptures non légalisées. Par contre, 1982 a été une année record avec 20 710 avis de dissolution de mariage, soit une augmentation de 69% par rapport à 1981. Il en est de même de l'ensemble des jugements concernant les avis de séparations, divorces et annulations avec une augmentation de 70% en 1982 par rapport à 1981. Toutes ces données ne tiennent évidemment pas compte des conjoints qui, pour diverses raisons, persistent à vivre ensemble en dépit de leur insatisfaction parfois profonde. C'est le cas de beaucoup de femmes mariées depuis dix ans ou plus, par exemple, qui n'ont pas la formation académique leur assurant une compétence à laquelle elles pourraient recourir pour gagner leur vie en cas de divorce.

Un certain nombre de couples malheureux ne veulent pas dissoudre leur union parce qu'ils appréhendent des ennuis plus ou moins importants avec leurs proches parents. Je recevais récemment en entrevue une femme dans la trentaine qui avouait ne plus éprouver beaucoup de plaisir à demeurer avec son mari, mais à qui la perspective de le quitter pour se refaire une vie plus satisfaisante apparaissait plus pénible encore. Elle prévoyait une rupture éventuellement définitive avec ses parents, frères et soeurs, advenant un tel événement. Attachant une importance considérable à l'estime qu'elle leur manifestait et qu'ils lui rendaient, elle préféra opter pour le statu quo matrimonial, certaine qu'elle était de subir leur répudiation si elle quittait le foyer conjugal.

D'autres, plus âgés, choisissent de supporter leur échec conjugal pour des raisons religieuses, leurs convictions leur interdisant de dissoudre une union consacrée pour la vie. Tous ces mariages malheureux ne figurent pas sur les registres déjà impressionnants des cours de justice mais n'en constituent pas moins des divorces psychologiques. Toutes ces indications suffisent à convaincre certains experts que si ce contexte se maintient, une personne mariée sur trois au Québec vivra à plus ou moins longue échéance l'expérience d'un divorce (8).

Aux États-Unis, la situation semble plus dramatique encore. Les compilations effectuées depuis cinquante ans montrent qu'entre 1925 et 1960, il y a eu une augmentation de 40% des divorces. De 1960 à 1971 l'augmentation a été de 70%. À l'heure actuelle, un mariage sur trois aboutit au divorce. Des spécialistes prétendent que 75% des mariages vont cahin-caha (12).

Tous les chiffres mentionnés jusqu'à maintenant ne font état que des requêtes en divorce, séparation et annulation, sans considérer le nombre des séparations non légalisées. Les données sont difficiles à compiler à ce chapitre puisqu'un nombre indéterminé d'entre elles ne sont pas comptabilisées. Certains spécialistes estiment réaliste de croire qu'il y a plus de la moitié des séparations qui aboutissent au divorce (12). Si le rythme actuel des séparations se maintient, il est à prévoir que 40% des mariages en cours aboutiront au divorce (11). En considérant qu'un certain nombre de séparations se terminent par une réconciliation et que d'autres aboutissent au divorce, des prévisions conservatrices laissent entendre qu'entre 45% et 60% des couples qui se marieront dans un proche avenir finiront par divorcer (12). La probabilité d'échec d'un mariage est donc en train de dépasser celle de sa réussite.

Ces quelques données statistiques démontrent, clairement à mon avis, le caractère instable du mariage dans le contexte nord-américain. Quelles sont les raisons susceptibles d'expliquer cette situation? Elles sont, sans doute, nombreuses et variées. Plusieurs concernent les valeurs traditionnelles sur lesquelles a reposé jusqu'à présent l'institution même du mariage. Si cette prémisse est juste, il y a gros à parier qu'elles ont prouvé leur fragilité. Les conséquences qu'ont entraînées jusqu'ici ces croyances sont, semble-t-il, diamétralement opposées aux aspirations qu'ont entretenues et que persistent encore à entretenir bon nombre de candidats au mariage.

Facteurs socio-économiques
de la séparation et du divorce

Un certain nombre d'éléments reliés au développement du niveau de vie des Occidentaux favorisent l'autonomie et l'indépendance des individus. En effet, les pays présentant les niveaux socio-économiques les plus élevés, Suède, France, Angleterre, sont en même temps ceux qui présentent un fort pourcentage de divorces. Sans aller aussi loin, on n'a qu'à considérer l'augmentation du nombre des divorces par rapport à l'amélioration du niveau de vie des Nord-Américains.

Un compte en banque bien garni, un emploi enviable concourent à donner plus d'indépendance à celui et à celle qui les détiennent. Étant financièrement plus autonomes, les individus comme les sociétés manifestent souvent plus d'intolérance et risquent davantage de mettre fin à une union conjugale qu'une plus grande dépendance financière aurait maintenue.

C'est probablement la femme qui, dans notre contexte, a, en partie, contribué à l'élévation de ce niveau socio-économique en accédant au marché du travail comme jamais auparavant elle ne l'avait fait. Elle investit dans la collectivité des talents et des énergies qu'elle consacrait autrefois presque exclusivement aux tâches domestiques et à l'éducation des enfants. Lorsque, par exemple, des difficultés sérieuses surviennent dans le couple, elle envisage plus facilement de quitter son conjoint, forte de son indépendance financière. L'époux se retrouve donc devant un conjoint qui revendique avec plus d'assurance des privilèges naguère réservés au mâle et devant lesquels la femme n'avait guère d'alternative. L'accession au marché du travail confère à la femme un pouvoir de négociation accru. L'égalité est plus que jamais en bonne voie d'être acquise.

Si, par ailleurs, certains ménages ont pu améliorer autrefois leur vie conjugale parce que la femme ne pouvait quitter facilement la maison et que, se sentant acculée au pied du mur, celle-ci était amenée à travailler à la restauration de l'union, son accession au marché du travail a probablement favorisé l'accroissement des demandes en divorce hâtives et parfois même regrettables. Tel est le risque que courent désormais beaucoup d'unions. La crainte, messieurs, de perdre celle que vous aimez pourrait bien être le début de la sagesse qui vous manquait pour que vous la traitiez avec plus d'égards.

Un autre facteur social qui a probablement contribué à l'augmentation des divorces réside dans le développement des ressources humaines en faveur de la garde des enfants. En effet, nous assistons à l'heure actuelle à un élargissement considérable des possibilités de garde d'enfants, tant par l'augmentation des garderies privées que par l'amorce d'implantation de garderies en milieu de travail. Ce développement fournit l'occasion à beaucoup de femmes séparées ou divorcées de résoudre en grande partie les problèmes de garde d'enfants dont elles ont, la plupart du temps, la responsabilité. L'époque où les enfants étaient confiés aux grands-parents, à un oncle ou à une tante semble révolue, et la femme choisit de conserver la responsabilité de l'éducation de ses enfants. Ces possibilités relativement récentes facilitent à la femme l'accession au divorce. Ces garderies consacrent des énergies et du personnel compétent à l'éducation d'enfants qui autrefois avaient à souffrir, au moins en partie, d'être élevés par des grands-parents bien intentionnés mais néanmoins fatigués et souvent malades. Même si la garde des enfants est la plupart du temps onéreuse pour le conjoint qui en a la responsabilité, l'existence des garderies simplifie considérablement les difficultés rattachées à l'éducation des enfants lorsque des conjoints songent à dissoudre leur mariage.

L'augmentation de la scolarisation chez la femme constitue un autre facteur social qui, indirectement, contribue à l'augmentation du nombre des divorces. Autrefois, réduite à la soumission parce que moins scolarisée, la femme qui divorçait avait à faire face à un défi de taille. Elle avait en effet, souvent après plusieurs années de rupture avec le monde du travail, pour celles qui l'avaient connu, à recommencer à travailler dans des emplois demandant un minimum de préparation académique spécialisée et, en contrepartie, souvent exigeants sur le plan physique, peu rémunérateurs et par surcroît instables. L'invasion massive des cégeps et des universités par les jeunes femmes les place dorénavant à un niveau plus comparable à celui de l'homme lorsqu'elles songent à divorcer. Étant plus instruite, riche souvent d'une compétence professionnelle, la femme dispose de possibilités accrues pour assurer son autonomie financière. De plus en plus de jeunes femmes mariées envisagent de mettre au monde des enfants sans même suspendre leurs activités professionnelles, si ce n'est pendant une période minimale variant de trois à six mois en général, période à laquelle leur donnent droit maintenant des législations et conventions collectives avant-gardistes. Leurs privilèges augmentent avec leur scolarisation.

L'augmentation de la scolarisation chez la femme contribue également à lui faciliter l'accès à des fonctions autrefois exclusivement réservées aux hommes. On n'a qu'à songer à la médecine, au notariat, à l'architecture, à l'administration, à la psychologie pour constater jusqu'à quel point, maintenant, la femme a la possibilité de se prononcer et éventuellement d'influencer le développement social. Elle contribue de plus à promouvoir des législations et à élaborer des actions susceptibles de lui assurer l'égalité, l'autonomie et le développement personnel. Elles sont maintenant de plus en plus nombreuses à prendre conscience de leurs capacités. Songeons également aux adolescentes qui s'intéressent maintenant à la mécanique, à la menuiserie, à la plomberie. J'assistais, lors d'un voyage récent aux îles de la Madeleine, au déchargement d'une cargaison de pétrole où deux des sept préposés à cette tâche étaient des femmes. D'autres visites touristiques m'ont amené à constater, dans quelques états américains particulièrement, le nombre grandissant de femmes qui conduisent des autobus, des poids lourds, des taxis, emplois traditionnellement et exclusivement occupés par des hommes. Beaucoup de corps policiers comptent maintenant des femmes dans leurs rangs. Le sport accuse même un certain progrès dans cette lutte pour l'égalité en comptant quelques jeunes filles au sein d'équipes masculines de hockey et de karaté entre autres. Bien des défis restent à relever, mais l'accession de la femme à des fonctions ou à des tâches masculines se développe à un rythme prometteur et permet d'espérer pour elle les privilèges qu'un divorce réservait à l'homme, il y a à peine quelques années.

L'attitude de plus en plus permissive de l'Église a incontestablement favorisé l'augmentation du nombre des ruptures qu'elle prend grand soin cependant de ne pas qualifier de divorces mais d'annulations. Elle reconnaît comme un moindre mal l'accessibilité au divorce lorsque la vie conjugale est devenue difficilement supportable. Autrefois, elle invitait la femme, parce que c'est elle qui avait à supporter le plus grand nombre des inconvénients rattachés à une union conjugale malheureuse, à offrir ses souffrances en sacrifice afin d'accumuler les mérites et de jouir par là d'une considération divine accrue dans le Royaume éternel. Elle l'invitait à accepter ce fardeau voulu par la Divine Providence et l'interprétait comme une manifestation indubitable de l'amour de Dieu pour elle. C'est maintenant avec beaucoup plus de réalisme et de véritable compréhension pour la souffrance humaine que l'Église reconnaît la pertinence d'une annulation (divorce) lorsque le mariage s'est révélé un échec. Elle considère avec beaucoup plus d'ouverture les mariages "par erreur" qui n'ont pas été désirés de tout coeur mais sont davantage la conséquence d'un geste infantile et irréfléchi, mariages manqués dont le maintien ne comporte pratiquement que des inconvénients. Cette ouverture est assez nouvelle et sans doute à l'origine d'un certain nombre d'annulations qui n'auraient jamais été réalisées sans elle.

La baisse de la pratique religieuse constitue un autre facteur non négligeable de l'augmentation des divorces. Il est en effet reconnu qu'un certain nombre de couples se sont abstenus de divorcer, non faute de le souhaiter, mais parce que leurs convictions religieuses le leur interdisaient. La baisse de la pratique religieuse est un phénomène sociologique qui caractérise les populations scolarisées. La scolarisation fournit aux gens une occasion privilégiée de remettre en question un certain nombre de leurs croyances, religieuses et autres, qui n'ont pas de fondement objectif démontrable. L'augmentation des connaissances contribue à développer l'esprit critique devant lequel s'effondrent bon nombre de croyances religieuses qu'ont plus facilement tendance à entretenir les gens moins scolarisés. Comme un certain nombre de ces croyances relèvent de la fantaisie pure, il n'est pas étonnant que l'acquisition de connaissances précises contribue à démystifier une pratique religieuse fondée sur un ensemble de considérations puériles. Compréhensibles dans des cultures moins évoluées, elle ne résistent pas au moindre assaut de la logique élémentaire. C'est probablement au nom d'un certain nombre d'illogismes comme l'accumulation des indulgences, la menace de l'enfer ou les terribles conséquences du péché mortel qu'un certain nombre de croyants, surtout scolarisés, ont abandonné une telle pratique religieuse. C'est l'époque du rejet total d'une doctrine dont on croit erronés un certain nombre de ses enseignements. Nous assisterons d'ici quelques années, si ce n'est déjà commencé, à un rééquilibre de cette pratique lorsque ce rejet massif aura cédé la place à un esprit critique plus nuancé. Cette baisse de la pratique religieuse a fort probablement contribué à rendre moins culpabilisante la pratique de l'adultère, l'un des motifs cruciaux(8) invoqués lors des recours en divorce. Quoi qu'il en soit, l'infidélité conjugale augmente lorsque diminuent les convictions religieuses(3). La scolarisation a amené beaucoup de gens à comprendre que l'adhésion à une confession religieuse quelconque n'était pas indispensable à la pratique de la charité et de l'amour du prochain. Plusieurs de ces pratiquants bien intentionnés, quoique souvent méprisants ou inquiets pour les âmes des non pratiquants, mesurent mal, hélas, jusqu'à quel point ils réussissent eux-mêmes à pratiquer la charité, pierre angulaire de la doctrine à laquelle ils adhèrent depuis des années. Il y a là une ironie qui laisse en paix le non pratiquant qui a vu l'amour du prochain comme une source importante de bonheur sur cette terre. Il est heureux que l'intelligence divine ait prévu que la pratique de la charité ne soit pas réservée aux esprits religieux. Je présume, et cela me rassure, que l'esprit réaliste et critique du Créateur ne s'attardera pas à savoir au jugement dernier si ses créatures se sont efforcées d'aimer leur prochain sous la bannière d'une confession quelconque. Je n'arrive pas à envisager qu'il chantera pouille à celui ou celle dont on aura proclamé l'athéisme et qui par ailleurs se sera révélé(e) un modèle d'amour et de compréhension. Tant et aussi longtemps que la confessionnalité s'attardera à des considérations puériles, il est à prévoir que la pratique religieuse réduira le nombre de ses adhérents. Voilà, me semble-t-il, une explication plausible à la diminution de la pratique religieuse en même temps qu'à celle de l'influence qu'elle pouvait exercer sur les couples tentés par le divorce.

L'augmentation considérable des connaissances dans le domaine de la psychologie a suscité un intérêt croissant pour l'épanouissement personnel et a contribué par la même occasion à mieux informer les gens en général et les candidats au divorce en particulier sur les conséquences psychologiques d'un tel événement. L'être humain cherche fondamentalement à comprendre. Sa recherche de compréhension ne se limite pas aux mécanismes qui président au déclenchement de la maladie, à la façon dont s'y prend la chauve-souris pour éviter mille et un fils d'acier qui obstruent son passage, ou à l'influence des astres sur la réponse de son patron à une demande d'augmentation de salaire. Il s'intéresse à ce qui se passe en lui-même plus attentivement qu'à toute autre chose. Les problèmes conjugaux, autrefois offerts naïvement en sacrifice, sont aujourd'hui scrutés avec plus de discernement et contribuent souvent à susciter un désir intense de solution. Les découvertes en matière de comportement humain ont contribué largement à mettre en lumière le désir d'épanouissement ou de bonheur qu'entretient chaque être humain. C'est grâce à une compréhension plus exhaustive du dynamisme humain que la psychologie nous révèle avec plus de précision les véritables moteurs de l'action humaine. Plutôt que d'offrir passivement à un dieu insatiable des vies conjugales ratées, l'être humain est davantage en mesure de prendre en main sa destinée en recherchant pour lui-même d'abord et pour les autres ensuite les avantages de vivre d'une certaine manière plutôt que d'une autre. C'est à travers cette démarche que l'être humain cherche le bonheur et l'épanouissement. Il semble utopique de croire qu'un conjoint malheureux — ou les deux — dans un couple puisse contribuer à l'épanouissement des enfants que ce couple mettra au monde. C'est sans doute en partie cette recherche de croissance personnelle qui a causé la baisse de la natalité. Les couples sont plus soucieux de s'épanouir que de mettre inconsidérément des enfants au monde.

Chercher à se comprendre soi-même et à comprendre les autres permet de découvrir des lois et d'acquérir des connaissances utiles pour corriger certaines erreurs de comportement ou pour faciliter l'apprentissage d'autres comportements. Assez curieusement, en matière de psychologie, comme c'est le cas dans d'autres domaines de connaissance, la compréhension même partielle d'un phénomène accroît la capacité de tolérer les aspects encore incompris de ce même phénomène. Paradoxalement l'acquisition de connaissances amène à relativiser les jugements que nous rendons si catégoriquement lorsque nous sommes ignorants des éléments d'un problème. Vous n'avez qu'à éprouver cet énoncé en écoutant Joe Bleau et Marie Tartempion résoudre en deux temps trois mouvements les difficultés conjugales des hommes publics. Il semble si facile de régler des problèmes dont nous ignorons en grande partie les données. Le serait-ce si nous étions en possession de toutes les informations? Si le problème est si facile à résoudre dans tant de cas pour le commun des mortels que nous sommes, pourquoi des êtres plus intelligents que nous et en possession d'un plus grand nombre de données ne les règlent-ils pas plus rapidement? L'ignorance enfante très souvent la bêtise. Si par hasard ou par intérêt, il vous est donné d'arriver à connaître les raisons de la séparation d'un couple, il y a gros à parier que vous adopterez une attitude plus relative, tissée de jugements moins catégoriques, d'interprétations plus nuancées ou de généralisations moins abusives. Tentez de rassembler tous les morceaux d'un casse-tête de 250 pièces avec la même rapidité et la même habileté que vous pourriez le faire avec un casse-tête de 25 pièces. Généralement, plus les données d'un problème sont nombreuses, plus il est difficile d'arriver à le résoudre; une meilleure connaissance des données psychologiques concernant la vie à deux et de la complexité de leurs interrelations a contribué à augmenter la tolérance sociale face au divorce, et par conséquent invité plus d'un couple en difficulté à profiter de cette empathie sociale. C'est probablement à l'occasion de cette tolérance sociale accrue que toutes sortes de solutions ont été explorées pour éviter que ne s'écroule le mariage avec la prolifération des divorces et des séparations. C'est ainsi qu'on a assisté jusqu'à maintenant à des mariages à l'essai, à des formules diverses d'échangisme et à la mise sur pied de communes, pour ne nommer que les solutions les plus répandues. Ces expériences semblent avoir été mises de l'avant pour faire contrepoids à une perception du mariage qui fait songer à une sorte de carcan légal étouffant dont la fidélité est peut-être l'exigence la plus contraignante.

La prolifération des mouvements féministes depuis quelques années a sans doute contribué à inciter beaucoup d'épouses insatisfaites à renoncer à leur union. Plusieurs de ces mouvements font figure de conscience féminine et invitent la femme à prendre en main sa destinée plutôt que de se soumettre aux volontés masculines. Les plus actifs de ces mouvements se sont attaqués prioritairement au droit fondamental de la femme à disposer de son corps. L'avortement sur demande est donc l'objectif que poursuivent inlassablement ces mouvements. Une seconde catégorie s'intéresse activement à promouvoir l'égalité de la femme dans tous les domaines d'activités professionnelles, sans discrimination de sexe, d'âge ou de statut. Les femmes divorcées disposent même d'une association à Montréal. Toutes ces consciences féminines constituent un encouragement et un soutien pour les femmes qui songent à divorcer et offrent même, dans plusieurs cas, à ces dernières des formes diverses d'assistance afin qu'elles mènent à terme leur démarche de libération.

La différence d'éducation entre garçons et filles contribue jusqu'à un certain point à faciliter l'éclosion d'attitudes qui elles-mêmes font naître le désir de séparation. Songez, à titre d'exemple, au perfectionnisme auquel sont souvent conviés les garçons quand on les incite à s'efforcer de cacher leur tristesse, d'exécuter des travaux avec l'habileté de l'adulte ou de subir avec le même stoïcisme que l'adulte les caprices d'un vieil oncle grincheux. Tous ces objectifs contribuent à inciter la jeune fille qui fréquente un jeune homme à croire qu'il s'adonnera avec le même souci de perfection à leurs premières expériences sexuelles. Elle devient donc exigeante et sévère à l'endroit des maladresses de son prétendant. Quant à la fille, elle a souvent été encouragée à pleurer sur l'épaule consolatrice de sa mère plutôt qu'à réagir devant les assauts, parfois même physiques, de ses frères. Elle ne devait pas se défendre avec le même empressement que son frère ou que le petit voisin. Elle a été entraînée à endurer plutôt qu'à réagir et à contester vigoureusement. Nous avons été habitués à mépriser ceux qui sont différents de nous. Des séquelles de cet entraînement subsistent en dépit de l'affection qui existe entre les conjoints. Cela contribue à créer une incompatibilité qui s'ajoute à celle déjà présente dans les tempéraments. Aujourd'hui la femme réagit parfois impulsivement, ou parfois hâtivement, dans une conjoncture conjugale difficile. Vous connaissez sans doute un cas de divorce ou de séparation où c'est la femme qui a décidé de quitter le foyer conjugal incognito en laissant pour tout message une lettre de quinze lignes exposant confusément les motifs de son départ à son mari ahuri. C'est probablement la même à qui l'on disait lorsqu'elle avait huit ans qu'elle ne devait pas faire usage de ses poings lorsqu'elle était assaillie par un petit garçon. Peu préparées à lutter et à revendiquer, ce genre de petites filles devenues femmes préfèrent quitter le foyer plutôt que de se battre pour améliorer la situation. Ce type d'éducation contribue donc à augmenter le nombre des divorces faute d'avoir appris aux enfants à corriger ce qui n'allait pas.

L'accès de la femme au marché du travail contribue à menacer la stabilité du ménage parce qu'il y introduit des frustrations extérieures à son fonctionnement et sert de prétexte à des altercations entre les conjoints. C'est le genre de situation où le mari pose tout bonnement une question à son épouse sur ce qu'elle a fait durant la journée et où l'épouse rétorque agressivement que ça ne le regarde pas. Si le mari est bien disposé ou s'il fait encore montre de tolérance, l'incident sera alors clos. S'il est impulsif et peu tolérant, nous assisterons probablement à une chicane en bonne et due forme avec déploiement d'hostilité, d'injures et peut-être d'assauts physiques. Les sources de frustrations sont plus nombreuses lorsque les deux conjoints travaillent à l'extérieur du foyer. La somme de ces frustrations professionnelles encourage la tentation de recourir au divorce compte tenu de l'indépendance financière dont j'ai déjà parlé et des facteurs sociaux déjà cités.

Finalement la tolérance sociale accrue a favorisé l'accessibilité au divorce pour des couples dont l'union était vouée à l'échec pour des motifs aléatoires et purement probabilistes. Le mariage ne fait pas exception aux possibilités d'erreur. Il est soumis, comme toute autre forme de relations humaines, telles l'amitié ou l'association d'affaires, à l'erreur pure et simple, en dépit des intentions louables des contractants.

Tous ces facteurs d'évolution socio-économique ne suffisent probablement pas, en dépit de leur importance, à expliquer cette montée considérable des séparations et des divorces. Où peuvent donc se situer la ou les causes principales de ce phénomène? Des croyances traditionnelles transmises à la faveur d'une éducation puritaine et ignorante seraient-elles responsables d'une telle explosion? Si tel devait être le cas, les facteurs extérieurs n'auront peut-être que favorisé l'effondrement d'une structure déjà fragile. C'est maintenant de l'intérieur même de l'union conjugale que nous allons sonder ses assises afin d'y voir plus clair sur les relations pouvant exister entre les valeurs qu'elle véhicule et la croissance des séparations et des divorces.

Facteurs conjugaux de l'augmentation des divorces

De nombreux chercheurs se sont attardés depuis plusieurs années maintenant à préciser la nature des difficultés que rencontrent les couples. Quelques-uns d'entre eux, dont Landis et Landis, Stinnett et Walters(8), ont découvert cinq catégories de problèmes majeurs qui caractérisent les couples en difficulté. Ces catégories sont, par ordre d'importance, l'insatisfaction sexuelle, les problèmes financiers, la communication et l'expression de l'affection, la belle-famille et l'éducation des enfants. Examinons-en les grandes lignes.

a) L'insatisfaction sexuelle

Dès 1953, Kinsey(8) rapportait, dans ses études sur les comportements sexuels des Américains, que la connaissance des rapports extramaritaux du partenaire était considérée par les conjoints comme un facteur important de leur décision de divorcer. Hunt en 1969(8) rapporte dans ses recherches que le tiers des répondants à ses enquêtes disaient avoir divorcé à cause de leurs relations extramaritales et qu'un autre tiers avait menacé de le faire si les relations extramaritales du conjoint ne cessaient pas.

Il existe plus près de nous, au Québec, un certain nombre de données scientifiques disponibles sur, entre autres, les dimensions sexuelles des problèmes qu'ont rencontrés beaucoup de divorcés québécois. Dans son analyse des dimensions sexuelles comme causes de divorce au Québec, Langelier(8) s'attarde à explorer l'exercice de la sexualité, les mésententes sexuelles, l'insatisfaction sexuelle et la fréquence des rapports sexuels chez des divorcés précoces (moins de cinq ans de mariage) et chez des divorcés tardifs (vingt ans et plus de mariage).

Si beaucoup de divorcés prétendent, comme le montrent beaucoup de recherches, qu'ils ont mis fin à leur union à cause de leurs propres relations sexuelles "extramaritales" ou à cause de celles de leur conjoint, il ne faudrait pas oublier que l'infidélité sexuelle peut à l'inverse être le symptôme, la manifestation ou la conséquence de difficultés matrimoniales(3) plutôt que leur cause. En effet, dans une étude effectuée au Québec par Lévy et Dupras en 1978(3) sur l'extramaritalité comme facteur de rupture du couple auprès d'un échantillon représentatif de la province, et par conséquent d'une majorité de non divorcés et même de couples relativement harmonieux, 3,6% d'entre eux seulement déclaraient qu'en cas d'adultère ils envisageraient immédiatement la séparation; 6,8% auraient laissé tout simplement tomber, 29,7% auraient exprimé leur opposition à une telle pratique et auraient demandé des explications au conjoint, et enfin 58% en auraient discuté amicalement avec le conjoint. Par conséquent, l'infidélité sexuelle ne constitue un facteur suffisant de rupture que pour une faible minorité de couples. Admettons toutefois que ce faible pourcentage pourrait augmenter dans le cas où les couples auraient à faire face à une réalité, et non à envisager une hypothèse. Ces résultats tendent donc à démontrer que "l'extramaritalité" constitue une occasion de s'arrêter et d'approfondir ce qui se passe à l'intérieur de la relation d'un couple dont la santé matrimoniale n'est pas en danger, alors qu'elle est la goutte qui fait déborder le vase dans une union déjà compromise. Cette conclusion vient appuyer l'interprétation selon laquelle "l'extramaritalité" représente davantage le symptôme d'une union en danger que l'occasion d'une rupture, la cause véritable étant l'exigence qui en interdit la pratique. Le degré d'ouverture d'esprit des Québécois se révélerait-il plus considérable que nous serions portés à le croire? Chose certaine, l'acceptation de l'éventualité d'un divorce semble un facteur déterminant face à la stabilité de l'union conjugale.

Les études de Langelier(8) montrent que les mésententes sexuelles des divorcés précoces proviennent de plusieurs sources. D'abord de la divergence des appétits sexuels, de l'ignorance sexuelle, d'une éducation sexuelle incomplète, de tabous culturels, d'effets de la médication, de la fatigue, de la négligence sexuelle, et finalement de représentations discordantes d'une relation de couple (Trainer, 1979, cf.8). À ces causes s'en ajoutent d'autres chez les divorcés tardifs: santé chancelante, diminution ou perte de l'appétit sexuel et caractéristiques spécifiques au vieillissement tels les changements hormonaux, les états d'anxiété causés par le mythe de l'incapacité sexuelle d'après la ménopause (Trainer 1979, Kaplan 1974, cf. 8).

Un certain nombre d'autres explications semblent pertinentes quant à l'insatisfaction sexuelle vécue par des couples.

Ce sont le faible niveau d'adaptabilité maritale (Langelier et Deck 1977, cf.8), la conscience accrue de l'importance de la sexualité dans la vie du couple, les exigences accrues d'une sexualité responsable du partenaire, les frustrations accumulées provenant de la discordance entre les attentes et les réalisations, la révolution sexuelle des années 70 et la disparition de l'encadrement religieux qui n'a pas eu de substitut.

Plusieurs recherches montrent enfin que la fréquence des rapports sexuels est significativement reliée à l'éventualité d'un divorce (Levinger et Moles 1979, cf.8). Ces chercheurs ont démontré en effet que plus la fréquence des rapports sexuels est faible, plus la probabilité d'une rupture du mariage augmente. L'étude de Langelier (1976-77-78-80, cf.8) montre que la fréquence des rapports sexuels chez les divorcés qu'il a étudiés, était inférieure à deux coïts par semaine. Cette fréquence apparaît donc comme un facteur pré-indicateur d'un divorce.

"L'éducation sexuelle, c'est-à-dire non seulement l'éducation de nature érotique et physiologique mais aussi l'éducation sur le plan de la réorganisation des attitudes, est tout à fait indiquée, entre autres, comme mesure de prévention contre le divorce." (8, p. 257)

b) *Problèmes financiers*

Le second facteur conjugal responsable d'un certain nombre de divorces, qui suit immédiatement en importance l'insatisfaction sexuelle, est l'aspect financier. Il s'agit ici probablement d'une jungle qui pourrait faire l'objet d'une étude approfondie. Je me limiterai à énumérer quelques situations parmi les plus connues et qui semblent constituer autant d'occasions de mésentente entre conjoints.

Le cas probablement le plus répandu concerne la femme qui, travaillant à la maison, ne dispose pas de revenu personnel. Elle se retrouve dans une situation de dépendance par rapport à son mari qui contrôle les entrées de revenus. Très souvent, la femme s'interdit de faire des représentations auprès de son mari, se croyant dépourvue d'un droit de regard sur un salaire qu'elle n'a pas gagné. Elle subordonne alors un certain nombre de ses exigences financières à celles de son conjoint. Celui-ci ayant tendance à croire en pareille situation que le travail ménager est un préalable inhérent au mariage lui-même, ne voit pas la pertinence de mettre à la disposition de sa femme une certaine somme d'argent qui lui serait versée à titre de dédommagement ou de salaire pour son travail domestique. La femme risque alors d'accumuler un certain nombre de frustrations qui, ajoutées à d'autres difficultés dans le couple, peuvent finir par conduire au divorce.

L'autre situation, de plus en plus fréquente depuis quelques années, est l'avènement de la femme qui travaille à l'extérieur de la maison et qui apporte cette fois une contribution financière au foyer. Cet apport additionnel ne règle pas tous les problèmes, loin de là. En effet, dès l'instant où la femme apporte de l'argent à la maison, comment se fait la répartition des deux salaires? Qui paie quoi et dans quelle proportion, surtout lorsque le salaire de l'épouse est inférieur à celui de l'époux? Cette situation multiplie les occasions de rivalité entre les deux pourvoyeurs qui veulent bénéficier du plus grand pourcentage possible de leurs gains. De pénibles discussions occupent parfois des soirées entières en vue de déterminer lequel des deux doit payer le loyer, la nourriture, le téléphone, les vêtements des enfants et la nourriture du chien. Ce ne sont là évidemment que quelques-uns des problèmes financiers que soulève le mariage.

c) *Communication et expression de l'affection*

Le troisième facteur de divorce est le fameux problème de la communication entre conjoints et l'expression de l'affection à l'endroit du partenaire. "Chéri, tu ne me dis plus souvent que tu m'aimes!" ou encore "Josée, est-ce que tu m'aimes?'' En dépit de l'évolution colossale de la technologie, des moyens de diffusion et de communication, il semble que nous en soyons au moyen âge en matière de communication interpersonnelle efficace entre conjoints. Il est clair cependant que la communication interpersonnelle, en général, préoccupe de plus en plus de gens à en juger par le nombre croissant d'inscriptions à des cours de relations humaines, de communication et d'animation. Tous ces efforts ne me semblent pas rapporter les dividendes que promet la publicité. Il est vrai cependant que les résultats dépendent largement de la qualité des formations, des informations transmises, de la compétence de ceux et de celles qui les dispensent, et finalement et peut-être surtout des efforts consentis par les consommateurs pour mettre en pratique les techniques qui leur sont enseignées. Me semble néanmoins subsister l'épineux problème des attitudes des utilisateurs de ces techniques. Quelle est, en effet, l'utilité pour des conjoints d'apprendre à devenir des experts dans la formulation de messages clairs et personnalisés, si par ailleurs ces mêmes conjoints demeurent convaincus que leur partenaire n'a pas le droit de les tromper? Il me semble que nous assistons à une inversion, où la charrue est mise devant le boeuf. Il m'apparaîtrait plus fructueux pour les conjoints d'examiner dès qu'ils se marient, avec un esprit plus critique, les exigences qu'ils s'imposent, avant d'apprendre à communiquer plus adéquatement. Vous aurez beau recourir à une architecture originale et agréable à regarder dans la construction d'une maison, si les fondations qui la soutiennent ne sont pas appropriées, elle s'effondrera aussi lamentablement qu'une construction moins sophistiquée. La communication demeure de toute évidence un des problèmes de l'heure dans la gestion de la vie conjugale, mais de façon contingente. La communication est le véhicule de la pensée. S'il n'y a pas d'accord sur l'objet de la communication, comment celle-ci pourra-t-elle aplanir les difficultés que ce désaccord fera naître?

d) La belle-famille

Le quatrième facteur responsable de l'augmentation des divorces est la contribution honnête, mais souvent inopportune, de la belle-famille sur l'échiquier conjugal parfois déjà fort embrouillé. Combien de fois n'avez-vous pas entendu dire, peut-être par vos propres beaux-parents, "Vous ne devriez pas acheter une voiture si coûteuse, c'est du vrai gaspillage surtout au prix où l'essence se vend. De plus les grosses autos sont appelées à perdre une bonne partie de leur valeur de rachat", ou "Pourquoi habilles-tu le petit avec des vêtements si chauds, il va crever de chaleur?" ou d'autres appréciations du même genre. Un conseil donné au moment opportun et lorsqu'il est sollicité demeurera toujours un geste humain approprié et souhaitable; mais une intrusion fréquente avec des attitudes blâmantes et peu respectueuses des divergences d'opinions devient à la longue un moyen fort efficace de mener au divorce. L'immixtion contribue souvent à placer le fils ou la fille dans un dilemme. Ou bien il ou elle approuve l'intervention des parents et risque de se mettre à dos son conjoint, ou bien il ou elle donne raison au partenaire et risque de s'attirer les foudres ou la bouderie des parents. Les problèmes sont parfois si complexes à régler entre conjoints que les interventions partisanes de tiers sont à éviter. Rappelez-vous les incidents diplomatiques qui surgissent pratiquement chaque fois que la France décide de se prononcer avec nuance et circonspection sur le climat politique québécois. Le gouvernement fédéral riposte et accuse d'ingérence la mère patrie. C'est vous dire jusqu'à quel point la "non-indifférence et la non-ingérence" sont difficiles à appliquer pour la belle-famille lorsque deux conjoints sont en difficulté.

e) L'éducation des enfants

Le dernier facteur conjugal de nombreux divorces est l'éducation des enfants. Très souvent, des divergences notables dans les principes d'éducation des enfants amènent des conjoints à envisager le divorce. Elles surviennent ou s'intensifient souvent à l'occasion d'autres difficultés. Les enfants sont alors utilisés comme otages et sont victimes des manoeuvres de chaque conjoint qui veut s'attirer leur sympathie ou leur approbation. Ces manoeuvres sont parfois dictées par le souci de protéger les enfants qui risquent d'être manipulés par un conjoint fortement perturbé, mais peuvent également être la conséquence d'un sentiment de culpabilité éprouvé à leur endroit. Souvent, en pareil cas, le conjoint qui se sent coupable se met à offrir des cadeaux ou à octroyer des privilèges qui vont à l'encontre des principes d'éducation de l'autre conjoint, compromettant ainsi parfois l'équilibre psychologique des enfants. C'était le cas de ce père, en instance de divorce, qui offrait à sa fille de douze ans d'aller voir sa mère, elle-même sérieusement perturbée sur le plan psychologique. Chaque fois qu'elle le désirait, il lui fournissait même un panier de provisions bien garni pour suppléer à l'irresponsabilité de la mère qui ne se souciait guère de nourrir sa fille lorsque celle-ci lui rendait visite. Il constatait avec la régularité du métronome que sa fille revenait de ces séjours très bouleversée et en avait pour plusieurs jours à se remettre de ces expéditions. Ces manoeuvres pratiquées par le père au détriment de sa fille, découlaient uniquement du sentiment de culpabilité qu'il éprouvait à l'égard de cette dernière. Ce n'est là qu'un exemple évident du genre de tractations dont sont victimes les enfants et qui contribuent à opposer les conjoints.

Si certaines mésententes entre conjoints conduisent parfois les enfants à des tentatives d'exploitation des parents, l'incompatibilité de certaines philosophies de l'éducation est souvent à ce point considérable que seul le divorce peut permettre l'assainissement d'un climat familial chaotique.

Après avoir constaté l'ampleur que semble vouloir prendre le divorce dans les pays industrialisés, en avoir examiné les incidences sociales et conjugales, je m'attarderai, dans le second chapitre, à identifier avec vous quelques-unes de ses principales causes internes.

Chapitre II

Les pièges du mariage idéalisé

Maintenant que nous connaissons un peu mieux quelques-uns des facteurs sociaux et conjugaux du divorce, comment expliquer que la majorité des divorcés se remarient? Hunt(12) a montré que 75% des divorcés se remariaient la première année et que 90% l'étaient après deux ans. Admettez que c'est pour le moins curieux surtout à une époque où cette institution est tellement remise en question. En dépit des nombreuses innovations auxquelles il s'est prêté, le mariage existe depuis toujours et ne semble pas appelé à disparaître. Il a été cependant soumis à toute une gamme de fantaisies allant de la monogamie à la polygamie en passant par le mariage de groupe. Un désir intense de rapprochement préside donc, encore de nos jours, au maintien de son institution. Quels sont alors les pièges qui menacent tant sa stabilité?

Les croyances traditionnelles ont jusqu'à présent valorisé un élément fort attrayant en matière conjugale mais malheureusement peu réaliste: le romantisme, "cette sorte d'exaltation de la sensualité et de l'imagination" (Larousse, 1961). Nombre de considérations pratiques comme la capacité d'écoute et de compréhension, les aspirations individuelles, les goûts et intérêts des partenaires, le désir d'autonomie parfois déséquilibré de l'un par rapport à l'autre des conjoints, de même que l'existence de caractéristiques personnelles plus ou moins maladives (alcoolisme, avarice, incapacité sexuelle, etc.) ne sont l'objet trop souvent que d'une attention secondaire. Somme toute, on pense rarement à souligner l'importance d'une préparation adéquate à la vie à deux. Il est pour le moins paradoxal qu'avec une préparation en général très mince, les aspirations soient aussi considérables une fois pris l'engagement dans une vie à deux que l'on veut la plus parfaite possible. Réflexion faite, il n'existe probablement d'équivalent comparable dans aucun autre secteur de l'activité humaine. Tout le monde pourtant reconnaît volontiers que la mise sur pied d'une entreprise complexe nécessite des efforts la plupart du temps considérables, une préparation soigneuse, des connaissances précises en plus de l'amour du travail, sans que pour autant tout cela assure une rentabilité même lointaine. Comment se fait-il que nous adoptions une attitude si différente face à l'édification d'une entreprise conjugale et familiale qui comporte pourtant des aspects tout aussi concrets?

Prépondérance du romantisme

Si le mariage a été exempté de la préparation sérieuse à laquelle on se soumet habituellement dans toute autre entreprise, c'est que nous avons fait du romantisme la clé de voûte du bonheur conjugal. Nous n'avons qu'à observer la façon dont les fréquentations se déroulent pour comprendre, par exemple, qu'en dépit d'importantes entailles infligées au puritanisme, il subsiste encore pas mal de préjugés contre le sexe et une faveur considérable accordée au romantisme. L'amour semble identifié comme nettement distinct des "bas désirs sexuels"(4) et est censé se développer au seul contact des conjoints. Il est perçu comme le passe-partout qui ouvre toutes les portes, donnant ainsi automatiquement accès au bonheur. C'est au nom de l'amour que nous avons développé des attentes et des exigences perfectionnistes et génératrices d'émotions désagréables comme la culpabilité, lorsqu'adolescent et même jeune adulte, nous croyions qu'il était strictement défendu de fréquenter deux ou trois partenaires simultanément. La situation n'a guère changé aujourd'hui. Vous n'avez qu'à converser avec des adolescents pour constater qu'ils entretiennent les mêmes idées à propos des fréquentations que celles que nous ou nos grands-parents avons entretenues. Ne trouvez-vous pas étrange de croire que la fréquentation simultanée de deux, trois ou quatre partenaires soit un manquement grave à la fidélité, principale ambassadrice de l'amour, semble-t-il? Beaucoup d'adolescents éprouvent de la culpabilité à désirer fréquenter un deuxième partenaire, peut-être plus intéressant. Quel meilleur moment que l'adolescence pour faire son éducation en matière d'amour, pour découvrir les caractéristiques personnelles d'un garçon ou d'une fille, pour analyser l'importance des unes par rapport aux autres afin d'identifier avec plus de précision le type de garçon ou de fille le plus compatible avec sa propre personnalité. Les adolescents pratiquent la fidélité amoureuse avec la même rigueur que les adultes mariés. N'y voyez-vous pas le danger de faire un choix hâtif, étoffé d'expériences suffisamment variées et révélatrices des véritables enjeux de la vie à deux? Nous n'avons pas trois mille ans devant nous. Si tel était le cas, nous pourrions nous consacrer à des fréquentations fidèles successives et, après une centaine d'années, faire un choix éclairé. Nous n'avons que soixante-dix ans en moyenne devant nous. Comme nous en consacrons une vingtaine à parvenir à une maturité approximative, nous n'avons guère le temps de gaspiller de précieuses années à faire la connaissance d'une dizaine ou d'une quinzaine de partenaires en respectant une fidélité scrupuleuse. Est-ce là une préparation adéquate à la vie à deux? Constatez les résultats d'une telle philosophie en consultant les listes d'attente des requêtes en divorce, qui s'empilent dans les cours de justice. Comment pouvez-vous envisager de devenir un fin connaisseur de fromages et d'en apprécier tout le plaisir si vous n'en connaissez qu'un seul? Avec une préparation aussi négligée, il n'est pas étonnant que des mariages débouchent sur la haine de soi et du partenaire. Il est regrettable que trop souvent ces conséquences ne réussissent pas à percer l'épais brouillard romantique qui enveloppe les fréquentations prématrimoniales. C'est hélas au bout de quelques mois ou de quelques années de mariage qu'il se dissipe sous l'effet des réalités quotidiennes de la vie à deux. Plutôt que de profiter de ces occasions difficiles pour gagner quelque expérience, de nombreux couples renforcent leurs exigences irrationnelles et aboutissent à une rigidité qui engendre de nouvelles frustrations.

Prenons le traditionnel exemple du conjoint qui apprend que son partenaire l'a trompé. Le conjoint trompé saisit au vol l'occasion de se convaincre qu'un tel événement représente une catastrophe qui marquera le reste de sa vie. Si c'est souvent la difficulté de vivre avec son conjoint qu'exprime le recours fréquent à l'expérience extramaritale, en interpréter la découverte comme une chose horrible et inacceptable ne fera que rendre plus confuse une situation déjà délicate. Je reconnais volontiers qu'il n'est pas facile de réagir avec sérénité à une telle découverte, mais avouez qu'il vaut peut-être la peine de s'y entraîner plutôt que d'anéantir ce qui reste de positif dans la relation par des démonstrations fréquentes et nuisibles d'hostilité à l'endroit du conjoint infidèle. C'est cette seconde difficulté que vous avez la capacité de réduire considérablement. Ce faisant, plus réceptifs, vous comprendrez mieux les motifs de l'infidélité. Vous trouveriez probablement stupide qu'une mère décide spontanément de réprimander son enfant blessé gisant sur le pavé à la suite d'un accident. Ce deuxième événement, la remontrance de la mère, apparaît inopportun et de nature à rendre la situation encore plus pénible. L'attitude de la plupart des parents en pareille circonstance consiste à apporter à l'enfant blessé toute l'assistance dont ils sont capables, quitte, lorsque la condiîion de l'enfant le permettra, à analyser sa conduite et à lui prodiguer les conseils appropriés. Pourquoi en serait-il autrement pour une vie conjugale ébranlée par un événement comme l'extramaritalité? Quel avantage voyez-vous à faire un drame à l'occasion d'une telle découverte? Ne serait-il pas plus utile et plus approprié de constater l'événement et de saisir l'occasion pour amorcer un dialogue franc et respectueux à l'endroit du partenaire concerné(e)? Ne considérez-vous pas que les chances de tirer de tels échanges un profit plus ou moins grand seraient plus propices à l'amélioration du climat que si l'on exprime au conjoint infidèle pendant des heures et à plusieurs reprises une colère inutile? Une telle réaction ne favorisera-t-elle pas la répétition de l'adultère au lieu d'y mettre un terme? N'est-ce pas ainsi que se pave graduellement la voie menant au divorce?

Il est déplorable qu'une philosophie romantique du mariage ait plus ou moins confondu affection et désirs sexuels. Il existe en effet aux yeux de beaucoup de gens deux types d'amour. L'Amour avec un grand "A", celui qui préside aux destinées du mariage fidèle et l'amour avec un petit "a", sentiment de deuxième catégorie ou de qualité inférieure à celle exigée pour cimenter l'union conjugale, habituellement associé aux désirs sexuels. De fait cette distinction relève uniquement des fantaisies romantiques largement entretenues par une littérature enjôleuse et poétique. L'amour est en fait un plaisir éprouvé à la pensée ou en présence d'une personne ou d'une chose(1). Chaque fois que nous affirmons aimer les carottes, les films érotiques ou les enfants, c'est ce que nous voulons dire. C'est en vertu de cette définition plus réaliste de l'amour que la distinction entre grand Amour et amour s'effondre. Lorsque nous prétendons aimer quelqu'un, nous affirmons en fait une chose imprécise, puisque prétendre aimer quelqu'un laisse entendre que nous éprouvons du plaisir à connaître et à apprécier chacune de ses caractéristiques. C'est ce que signifie la déclaration: "J'aime Lise". J'aime *tout* ce qui est Lise. Si vous y réfléchissez quelque peu, vous conviendrez facilement qu'il s'agit d'une erreur puisque tout être humain présente plusieurs caractéristiques qui ne sont pas appréciées par tous les autres êtres humains. Il serait plus juste de dire que nous apprécions plusieurs caractéristiques d'une personne et que le nombre des caractéristiques appréciées dépasse le nombre de celles qui ne le sont pas. Notre appréciation pour cette personne s'accroît donc avec le nombre des caractéristiques évaluées par nous comme positives et sont sujettes à être appréciées de façon différente selon les goûts de chacun.

La distinction entre affection et désirs sexuels permet d'envisager l'existence d'une affection sans expression sexuelle ou d'un rapprochement sexuel sans affection. Le désir sexuel est en fait la recherche d'un plaisir spécifique que procure l'appréciation des caractéristiques physiques d'une personne, tout comme vous pourriez être excité à la pensée d'effectuer un voyage sur la Côte d'Azur. Si une telle perspective vous emballe, il en irait probablement autrement si l'on vous demandait d'aller y demeurer. Le champ d'intérêt du désir sexuel est donc beaucoup plus restreint que celui de l'affection que nous pouvons éprouver pour une personne. Nous qualifions en effet d'affection tout sentiment naissant à l'occasion du *plaisir* éprouvé à la pensée ou en présence de certaines attitudes, traits de caractères ou comportements d'une personne. Si vous décidiez d'émigrer en France, vous le feriez probablement après avoir évalué les divers avantages et inconvénients de ce geste. C'est pour cette raison qu'il est peu recommandable de fonder une union conjugale stable uniquement sur l'intérêt sexuel. Il s'avérera insuffisant dans la grande majorité des cas. Le grand nombre de divergences dans l'appréciation des réalités quotidiennes suggère d'étendre l'appréciation au plus grand nombre possible de caractéristiques du partenaire, afin d'assurer plus de chance de succès ou de bonheur à l'union conjugale, plutôt que d'en limiter l'étendue au seul plan sexuel. Il est donc important, pour ces raisons en particulier, de faire cette distinction entre affection et désirs sexuels. Nous y reviendrons.

Une des erreurs contribuant à perpétuer le romantisme est de croire en la permanence de l'agrément éprouvé. Je reconnais d'emblée que l'affection humaine est sans doute la principale source de plaisir pour la majorité des gens, mais il est puéril de croire que, sous prétexte qu'elle est très intense, elle sera permanente. Rappelez-vous votre lune de miel ou les heures les plus savoureuses de vos fréquentations. Vous conviendrez aisément que l'intensité s'est atténuée, sinon transformée considérablement, depuis lors. Si cette permanence existait, il n'y aurait tout simplement plus de divorces ni de séparations parce qu'au moment du mariage la perception des avantages à se marier dépasserait la perception des inconvénients et qu'il en serait ainsi jusqu'à la mort d'un des partenaires. S'il y a divorce, c'est que les inconvénients à rester unis sont perçus comme plus nombreux que les avantages. L'intérêt pour quelque chose ou pour quelqu'un ne peut donc pas être garanti pour la vie. Il demeure présent aussi longtemps qu'une personne croit retirer de cette chose ou de cette personne plus d'avantages que d'inconvénients. Si vous êtes un(e) adepte invétéré(e) du golf, c'est sans doute parce que vous pratiquez ce sport avec assiduité. Imaginez maintenant que vous ignoriez ce sport au cours des cinq prochaines années, votre engouement s'atténuera très probablement. Il est donc illusoire de croire que le romantisme à lui seul maintiendra l'épanouissement conjugal longtemps s'il n'est pas solidement encadré par une compatibilité des aspirations, des intérêts, des goûts, des désirs sexuels. C'est dans cette perspective romantique peu réaliste que beaucoup d'enfants ont été éduqués et qu'on les a invités, inconsciemment la pluplart du temps, à perpétuer les mêmes erreurs et à fonder de nouvelles cellules familiales névrotiques. C'est ainsi probablement que se sont perpétuées pendant des générations des valeurs ou croyances irrationnelles dont l'une des plus importantes est sans doute le "besoin" indifférencié d'affection. Je vous propose maintenant d'en démentir l'authenticité.

L'impérieux besoin d'être aimé

Dès notre tendre enfance nous avons appris inconsciemment, à la suite d'un certain nombre de prouesses plus ou moins remarquables par leur ingéniosité ou leur originalité, à obtenir l'attention et même l'admiration de nos parents, frères et soeurs plus âgés, oncles et tantes ébahis, amis et voisins attentifs. Encouragés et stimulés par de tels auditoires, nous nous sommes délectés de tant d'émerveillement, de contacts physiques affectueux et de tendres baisers dispensés par tous ces adultes chaleureux. À force de jouir d'une telle approbation, nous nous sommes peu à peu forgé une conception du plaisir en vertu de laquelle il est capital de plaire aux autres pour être soi-même à l'aise et heureux. Très tôt, donc, nous avons été initiés à l'agrément de l'affection et à ses avantages nombreux. Cette découverte a probablement précédé la plupart des autres apprentissages parce que dès la naissance nous profitons en général de l'attention affectueuse des gens qui nous entourent. Il est donc possible que cet apprentissage, si important à cause du plaisir qu'il procure, nous ait incité à vouloir le retrouver le plus souvent possible. L'émerveillement initial de l'entourage a, petit à petit, cédé la place à l'admiration au fur et à mesure que nous avons grandi, que nos prouesses se sont raffinées et que notre créativité s'est accrue. Il est dommage qu'à cause justement de notre manque d'esprit critique et de capacité à comprendre plus profondément les choses, nous ayons candidement cru que cette admiration des autres était indispensable au bonheur humain.

Cette croyance est probablement à l'origine du plus grand nombre de difficultés sérieuses et d'échecs dans le mariage, comme d'ailleurs dans d'autres types de relations amicales. Nous sommes convaincus non seulement que nous avons besoin de l'affection et de l'approbation des autres, mais que sans elles nous sommes irrémédiablement voués au malheur. L'erreur majeure d'une telle croyance consiste à considérer comme indispensable à l'épanouissement humain un élément qui n'est que souhaitable. Que si nous ne sommes pas objets d'amour ou d'affection, nous ne sommes que des ratés ou des mutilés. Pourtant il n'y a pas que l'affection qui motive l'aspiration. Déduisez-vous que vous avez absolument besoin de faire un voyage en Europe du seul fait que vous souhaitez, même vivement, réaliser un jour ce rêve? Probablement pas. Est-ce que le fait de n'avoir encore pu, pour diverses raisons, mettre ce rêve à exécution, vous condamne infailliblement au malheur? Non, certainement pas. Qui n'a pas rêvé un jour de posséder une magnifique propriété dans une banlieue huppée et tranquille, à l'abri des regards indiscrets? Êtes-vous profondément troublé ou perturbé de ne pas avoir réalisé à ce jour ce désir? Croyez-vous vraiment avoir absolument besoin de cette magnifique propriété pour être heureux? Le désir d'être l'objet de l'affection d'un être que l'on aime est légitime et même souhaitable parce qu'il procure beaucoup de plaisir mais sa réalisation n'est en aucun cas indispensable à la joie de vivre. Même en affirmant que l'affection soit la source la plus importante de plaisir, il faudrait encore reconnaître qu'elle n'est pas la seule et qu'une grande quantité d'autres sources de satisfaction sont à la portée de la plupart des êtres humains. La possibilité d'acquérir des biens matériels, des habiletés sportives, intellectuelles ou manuelles et d'en disposer pour le plaisir qu'ils procurent sont autant d'autres façons de trouver du plaisir à vivre. Heureusement qu'il en est ainsi, ne croyez-vous pas? S'il en était autrement, tous les êtres de l'histoire de l'humanité soustraits pour différentes raisons à l'affection stable de leurs semblables auraient été et seraient condamnés au malheur pour la durée de leur passage sur cette terre, sans espoir d'en sortir. Regardez autour de vous, dans la genèse de votre propre famille, et constatez que plusieurs de ceux que vous avez connus et que vous côtoyez peut-être actuellement n'ont pas joui de cette affection dont vous avez peut-être bénéficié. Cela ne les a pas forcément rendus plus malheureux que vous pour autant. Grâce à l'étonnante souplesse qui caractérise l'intelligence humaine, il est possible à un être humain de donner un sens à sa vie de mille et une façons et non uniquement en privilégiant l'affection. Même privé de cette importante source de joie, il garde à sa disposition un nombre considérable d'autres sources d'agrément. C'est à lui de les découvrir s'il ne les connaît pas et de s'en servir lorsqu'elles correspondent à ses goûts. C'est par cette démarche qu'il comprendra qu'il lui est inutile, en plus d'être pénible, de gémir sur son sort lorsqu'il est privé pour telle ou telle raison de la source de joie la plus importante à ses yeux: l'affection. Exiger pour être heureux l'amour des autres, et à plus forte raison de son conjoint, équivaut à prétendre que l'amour est la condition sine qua non d'une vie à deux stable et épanouissante et que, sans lui, toute union est vouée à la faillite et destinée à entraîner les partenaires dans la dépression. C'est en comprenant ceci que John Kennedy a sans doute été heureux de servir son pays en cherchant à établir plus d'égalité entre Blancs et Noirs, que Hans Selye a consacré toute sa vie professionnelle à tenter de comprendre le stress humain et que Maurice Richard a soulevé l'enthousiasme de tant de spectateurs par sa passion du hockey.

Curieuse, cette croyance, ne pensez-vous pas, consistant à prétendre que nous ne valons rien lorsqu'une personne aimée nous retire son affection ou qu'elle disparaît avec elle dans la mort? Les quelques exemples cités plus haut ne montrent-ils pas qu'il est non seulement possible mais souhaitable de rechercher dans des activités professionnelles, sportives et intellectuelles le plaisir qu'elles peuvent offrir lorsque vos goûts l'auront décelé. Vous diversifiez ainsi votre capacité d'affectionner non seulement un être humain en la personne de votre conjoint, mais le plus grand nombre possible d'entre eux tout en appréciant la plus grande gamme possible d'activités que vos goûts et aptitudes vous suggèrent de pratiquer. Je suis assez convaincu, pour l'avoir remarqué chez beaucoup d'êtres humains heureux et l'avoir constaté dans ma propre vie, qu'il y a beaucoup plus d'agrément à vivre en s'adonnant à plusieurs activités qu'à rechercher avidement et avec l'obsession du maniaque l'affection exclusive d'un autre être humain.

Je comprends assez facilement, si tel est votre objectif, que vous soyez fortement enclin à vous dévaloriser, quoique cette démarche soit en elle-même stupide, si vous avez investi une bonne partie de votre énergie à poursuivre ce seul objectif. Si vous persistez à croire que l'affection de votre conjoint représente la preuve indubitable de votre valeur comme personne, que vous arrivera-t-il si cette affection vient à faire défaut? Allez-vous conclure à votre médiocrité? Vous n'auriez plus d'autre choix que de reconnaître alors votre médiocrité pendant toute la période qui a précédé la connaissance de ce conjoint. Comment alors expliquer l'intérêt de votre conjoint à votre endroit si vous étiez médiocre? Avez-vous épousé une sorte de désaxé(e) recherchant la compagnie morbide d'une personnalité névrosée? Non, vous voyez bien que tout ce débat n'a aucun sens en plus de vous précipiter dans les abîmes de la dépression. Pourquoi ne pas multiplier les objets de votre investissement affectif? Continuez à rechercher, sans l'exiger ni prétendre qu'elle vous est indispensable, l'approbation des autres, vous vous éviterez ainsi les découragements qu'occasionnent les abandons ou les disparitions, et vous ne ressentirez que de la tristesse ou de la déception lorsque surviendront de telles éventualités. N'est-ce pas moins inconfortable que le découragement et le désir du suicide? En multipliant et en diversifiant les objets de votre affection, vous minimiserez l'impact sur vos émotions de la suppression ou de la suspension de l'un d'entre eux, si apprécié soit-il. Si vous faites de l'affection dont vous entoure si adroitement votre conjoint la pierre angulaire de votre vie, je vous prédis de sombres mois de malheur si ce dernier venait à vous fausser compagnie. Si au contraire vous jouissez de façon réaliste de son affection, tout en retirant beaucoup de satisfaction à pratiquer un sport et à rechercher honnêtement les intérêts de la compagnie pour laquelle vous travaillez, il y a peu de chance que vous dépérissiez sérieusement au cas où le conjoint tant apprécié viendrait à disparaître. Lorsque Jacques Cousteau a perdu un fils dans une expédition qu'il dirigeait, nous n'avons pas appris, sauf erreur, qu'il avait tenté de se suicider. Il a continué de s'adonner au métier qu'il affectionne même si, comme la majorité des pères, il aimait son fils. Il est donc regrettable de miser uniquement sur l'affection des autres pour bâtir son bonheur. Ne croyez-vous pas plus sage de l'envisager comme un moyen d'être heureux que comme une fin en soi? Une telle philosophie procurera moins de troubles émotifs, tout en permettant l'exploration d'autres avenues propices à la découverte du plaisir. C'est exactement le principe des multinationales qui diversifient leurs investissements. Elles multiplient ainsi leurs centres d'intérêts tout en minimisant les inconvénients de la fermeture éventuelle de l'une de leurs filiales, si importante soit-elle. Les chances de développement de la multinationale et d'épanouissement sont accrues de la même façon dans le cas du couple.

La croyance au "besoin" d'être aimé, si solidement enracinée en nous, contribue à générer toutes sortes d'autres croyances qui causent un nombre impressionnant d'émotions désagréables. C'est ainsi, à titre d'exemple, que le "besoin" d'affection amène ceux qui s'obstinent à le combler à rechercher sans discernement l'approbation de pratiquement tout le monde pour presque tout ce qu'ils font. Comme il est impossible de plaire à tout le monde et à son père, comme le dit le proverbe, ils se retrouvent dans un dilemme: faire une chose qu'ils désireraient et risquer de déplaire à une ou plusieurs personnes ou bien faire des choses qui plairont éventuellement à l'entourage mais qui leur déplairont personnellement. N'est-ce pas un moyen fort efficace de se paralyser soi-même, de se désoler de plus en plus et de trouver ainsi la vie ennuyeuse?

La peur de l'échec constitue une autre conséquence du fameux besoin d'affection. Pour l'être humain qui recherche l'approbation, l'échec représente une menace puisqu'il expose souvent son auteur à être désapprouvé et même rejeté. Plutôt que d'affronter une telle éventualité, il préfère s'abstenir de prendre des risques, se privant par la même occasion de donner suite à un désir parfois légitime. Craignant ainsi l'échec, il se retranche dans la passivité, souvent sans se rendre compte de la désapprobation qu'elle entraîne chez d'autres humains.

L'exigence d'affection à l'intérieur du couple ou ailleurs constitue donc un projet utopique à plus d'un titre. En effet, que j'exige d'être aimé, respecté et comblé par l'autre sans être disposé à rendre la pareille semble contradictoire et fort probablement voué à l'échec. Un des bons moyens d'obtenir l'affection d'une personne n'est-il pas d'être soi-même dispensateur d'affection? Or combien de conjoints de votre entourage n'affirment-ils pas avec conviction que leur partenaire se doit de leur vouer une affection exclusive alors qu'eux-mêmes ne s'efforcent guère de respecter cette même directive? Un conjoint profitera de certaines occasions pour envier, ne serait-ce qu'en pensée, la femme ou le mari du voisin ou de la voisine, s'imaginant dans des rêves éveillés faire l'amour avec chacune des secrétaires du bureau ou s'exerçant de façon plus ou moins consciente à séduire des confrères de travail. Chacun étant souvent le témoin vigilant des attentions agréables du conjoint à l'endroit des autres, le moindre écart déclenche parfois des scènes de jalousie aussi disgracieuses qu'inutiles. Vous avez peut-être déjà songé aux multiples avantages que vous auriez plutôt à tenter vous-même d'apprécier les autres et votre conjoint en vous efforçant pour votre propre plaisir d'être agréable, serviable et compréhensif à leur égard. Ne pensez-vous pas augmenter ainsi vos chances d'obtenir l'affection que vous cherchez de toute manière, alors que l'exigence satisfaite de façon imparfaite et passagère entraîne la plupart du temps le rejet et parfois même la haine, objectif opposé à celui que vous recherchez? Vous me direz peut-être que vous risquez, si vous n'exigez pas l'affection de votre conjoint, qu'il ne vous abandonne pour aller butiner d'autres fleurs accueillantes? Il est clair qu'il y a là un risque. J'espère que vous ne prétendez pas être la seule personne sur cette planète à apprécier les qualités de votre conjoint. Des centaines d'autres sont susceptibles de les apprécier davantage. C'est exactement à cause du risque d'être privé(e) d'un être que vous aimez qu'il vaut peut-être la peine de travailler à enrichir l'affection qui vous unit plutôt qu'à dénoncer hostilement la moindre manifestation d'attention de ce dernier pour une tierce personne. Exiger l'affection de quiconque m'apparaît comporter le risque plus considérable de la perdre, fût-elle à l'origine dispensée par le conjoint le plus amoureux. Risque pour risque, il me semble clair que l'exigence d'exclusivité est nettement moins avantageuse. Rappelez-vous que l'abeille qui voltige au-dessus des fleurs à la recherche de nourriture sera plus attirée par le miel que par le vinaigre que vous lui offrirez.

Il est donc dommage que nous soyons portés à croire ceci: que nous devons être aimés pour nous-mêmes quelle que soit la manière dont nous nous conduisions avec notre compagnon ou compagne; qu'il est plus important d'être considéré que d'accéder à l'acceptation de soi-même; qu'il vaut mieux compter sur les autres que sur ses propres ressources; et que ne pas trouver la considération est une chose horrible. Cette exigence d'affection cache souvent la crainte de l'infidélité sexuelle envisagée comme la preuve d'une absence d'affection. Examinons ensemble quelques-unes de ses facettes.

Le mythe de la fidélité sexuelle

L'une des croyances générées par l'irrationnel besoin d'être aimé d'une façon exclusive et indéfectible est le mythe de la fidélité. En effet, au nom d'un contrat fort peu réaliste, les conjoints se jurent une fidélité absolue en vertu de laquelle les intérêts de chacun sont sacrifiés à ceux du couple. C'est ainsi que chacun jure être tout pour l'autre et consent pour toute sa vie à renoncer à ses intérêts particuliers. C'est le mythe du "tous les deux". Chacun renonce à ses amis pour ne cultiver que des amitiés communes, élaborer des projets de vacances communs, mettre en commun les revenus gagnés par chacun, être prêt à deviner et à servir les désirs de l'autre, n'avoir que des cercles d'amis du même sexe, renoncer à tout point de vue divergent, ne jamais se sentir attiré par une autre personne du sexe opposé. Quel cocktail d'irrationalités dont les effets psychologiques risquent fort de dégénérer en comportements névrotiques.

La fidélité, sous-produit de l'idéaliste besoin d'être aimé, exerce ses ravages, comme nous venons de le constater, dans une foule de directions. En plus de celles déjà citées, celle de la fidélité de la femme à son rôle de mère, longtemps identifié comme le critère d'accomplissement suprême pour elle, celle de sa soumission aux fantaisies sexuelles mâles et sa fidélité à son rôle de cuisinière ont contribué à développer chez la femme des liens puissants de dépendance à l'égard de l'homme. Cette dépendance fournissait sans doute à la femme l'occasion de croire avec plus de rigueur encore que la moindre infidélité d'elle-même à son mari ou du mari à sa femme constituait une catastrophe. Toutes ces croyances amènent ceux qui les entretiennent à conclure à tort que leur conjoint est leur propriété et qu'ils exercent sur lui une juridiction exclusive. L'utilisation massive des adjectifs possessifs caractérisant cette conception découle probablement de cette philosophie. Je vous présente "ma" femme, voici "mon" mari, ces phrases désignent expressément la propriété dont l'accès, surtout sexuel, est interdit à quiconque n'en est pas le possesseur.

L'optique traditionnellement véhiculée voulant que le conjoint soit la propriété du partenaire va pourtant à l'encontre de la définition même du lien affectif et de la confiance qui caractérise un amour enrichissant. Comment en effet est-il possible de concevoir une affection profonde et authentique pour une personne sans lui accorder simultanément une solide confiance? La confiance est probablement un des atouts les plus précieux pour affronter une difficulté. Lorsque s'est développé un lien affectueux profond et partagé, l'éventualité d'un autre contact affectif du partenaire avec une tierce personne ne saurait apparaître comme une menace sérieuse à l'existence du premier lien. Il peut en suspendre momentanément l'exclusivité mais rien de plus. Étant donné qu'il est possible à un être humain d'aimer plusieurs personnes en même temps, une telle éventualité ne peut être un drame. Cette possibilité comporte même l'avantage d'éprouver cet attachement. Le conjoint qui redoute une infidélité sexuelle ou affective de son partenaire prouve qu'il n'a que peu de confiance dans l'attachement qui l'unit à lui. L'apparition d'une infidélité dans un contexte comme celui-là risque tout simplement de confirmer ce qui était jusque-là prévisible, c'est-à-dire la menace d'une rupture. Si vous avez une confiance considérable dans l'invention que vous venez de mettre au point, allez-vous la garder cachée, allez-vous la soustraire à la connaissance, même d'experts en la matière, allez-vous éviter d'en démontrer l'efficacité, ou tout au contraire ne vous efforcerez-vous pas de multiplier les occasions où vous pourrez faire la preuve de la justesse de vos avances? C'est là l'attitude qui caractérise la confiance. Prétendre avoir confiance en quelqu'un tout en lui évitant soigneusement d'être confronté à une difficulté constitue une démarche contradictoire qui évoque plutôt la méfiance et l'insécurité. Comment d'autre part est-il possible d'éprouver un amour intense pour quelqu'un sans lui témoigner un respect non moins considérable? Deux êtres humains unis par un tel lien d'affection et de respect ne peuvent qu'accepter le risque de voir cette affection remplacée par une autre, sans pour autant le souhaiter, au contraire. L'affection profonde est donc respectueuse. Elle reconnaît les risques que comporte l'attachement à d'autres êtres humains, les accepte et travaille plutôt à faire grandir l'affection qui unit déjà les conjoints. Menacer de rompre à cause d'une telle possibilité équivaudrait à refuser de monter en voiture parce qu'un accident est possible. Plutôt que de vous imposer une telle restriction, vous voudrez plutôt dans la majorité des cas favoriser une conduite préventive. Pourquoi ne pas faire de même dans l'union conjugale? L'être humain réaliste sait que les goûts et les préférences d'une personne changent et qu'ils ne sont pas inscrits en lui une fois pour toutes. C'est là le défi de l'union conjugale.

Cette exclusivité atteint son point culminant en matière de sexualité. L'infidélité sexuelle en effet, plus que toute autre infidélité, est presque toujours interprétée par le conjoint, dans le mariage traditionnel, comme la preuve d'un détachement affectif qui laisse indifférent le conjoint infidèle. Vous avez sans doute compris qu'il ne peut y avoir d'autre conclusion pour le conjoint qui est convaincu que son partenaire est sa propriété, lui ayant juré affection et amour pour la vie. Dans bon nombre de cas l'indifférence à laquelle conclut le conjoint trompé n'en est pas en fait. Il est fort probable que le conjoint infidèle est absorbé par un lien affectif qui le lie au nouveau partenaire de sorte qu'il paraît absent de la scène conjugale. C'est alors que le partenaire délaissé interprète cette absence comme une indifférence à son endroit. Loin d'être une indifférence, ce retrait cache plus souvent qu'autrement d'intenses tiraillements au cours desquels le conjoint infidèle cherche des solutions à son dilemme; à cette occasion comme dans bien d'autres, il veut ménager le chou et la chèvre. Il se refuse à mettre un terme à une union conjugale encore avantageuse comme à renoncer à une idylle romantique tellement savoureuse. C'est à cause de ce tiraillement qu'il recourt à la dissimulation et à la tromperie. Lorsqu'il ment et que le conjoint découvre la vérité, le conjoint victime se croit lésé; insulté par cette dissimulation, il se considère dépossédé d'un bien dont il croyait avoir la propriété exclusive. Son attitude est donc hostile parce que le conjoint infidèle l'a trahi, a fait une chose selon lui interdite. Son hostilité s'exerce également à l'endroit du tiers qui viole une propriété privée. Il se croit ridiculisé et victime d'une machination. Si l'infidèle dit la vérité à son conjoint, celui-ci fond en larmes parce qu'il considère cette infidélité comme une tragédie, la preuve, croit-il, d'un manque de considération. Il ne fait alors que très peu de cas des sentiments que vit le conjoint infidèle tant à son égard qu'à celui du nouveau partenaire. Le conjoint lésé réagit d'une manière égoïste alors même que tolérance et sympathie seraient beaucoup plus indiquées dans une situation aussi délicate, si du moins il prétend éprouver un amour respectueux à l'endroit du conjoint infidèle. La colère et l'anxiété vécues dans de telles circonstances ravagent souvent les derniers bastions de considération. Le conjoint trompé est informé de la naissance d'une nouvelle intimité à laquelle il a été soustrait. Il rejette cette intimité et exigera souvent d'en connaître les détails afin de retrouver celle qu'il croit avoir perdue. Il perd ainsi confiance en son partenaire et craint plus que jamais la moindre occasion de rechute. Il devient souvent plus possessif que jamais sans se rendre compte qu'il étouffe davantage une union déjà affaiblie.

Tous ces bouleversements émotifs originent en somme de l'équation que nous posons entre l'accessibilité sexuelle et l'accessibilité émotionnelle. Pour la majorité d'entre nous l'accessibilité sexuelle implique l'accessibilité émotionnelle; par conséquent, quand un mari ou une femme apprend que son partenaire est sexuellement accessible à un tiers, il ou elle pourra être porté(e) à remettre en question l'engagement émotionnel de l'autre, comme si le partenaire lésé ne faisait plus l'affaire du partenaire infidèle. Et qui plus est, non seulement le conjoint "bafoué" se croit-il rabaissé, mais il en déduira que cette blessure infligée à son amour-propre et à l'estime que lui porte son entourage laisse l'autre complètement indifférent. La maturité sexuelle suggère plutôt de dissocier l'accessibilité affective de l'accessibilité sexuelle. Cette distinction s'établit facilement dans des relations amicales entre personnes du même sexe, tout simplement parce que l'accessibilité sexuelle n'est la plupart du temps l'objet d'aucun intérêt. C'est peut-être la démonstration la plus évidente de la dissociation entre les domaines affectif et sexuel. Il en est de même dans la majorité des amitiés entre personnes de sexe opposé pour qui l'attrait sexuel est inexistant. L'accessibilité sexuelle n'est pas plus requise par l'accessibilité affective que l'accessibilité affective ne l'est par l'accessibilité sexuelle. Le lien affectif unissant un père à sa fille ou une mère à son fils ou un frère à sa soeur sont autant d'illustrations de cette accessibilité affective sans accessibilité sexuelle. D'autre part, l'accessibilité sexuelle d'une prostituée pour son client ne présume aucunement de l'existence d'un lien affectif: le client ne connaît généralement même pas sa partenaire avant d'apprécier ses charmes.

Dans le cas où l'accessibilité sexuelle et l'accessibilité affective sont présentes simultanément dans une relation extraconjugale, c'est une erreur de croire qu'elles viennent *nécessairement* détruire l'accessibilité, sexuelle et affective, éprouvée à l'endroit du conjoint. Votre affection considérable pour votre fiancé vient-elle supprimer votre attachement à votre père ou à votre mère? L'argument prétendant qu'un conjoint trompé sexuellement ne soit plus l'objet d'un attachement affectif est donc affaibli. Si l'accessibilité sexuelle n'élimine pas l'accessibilité affective, il faut bien reconnaître cependant que, dans certains cas, l'accessibilité sexuelle régulière à un partenaire autre que le conjoint peut être l'indication d'un changement de goût ou d'un simple désir de changer de partenaire. Ce n'est pas l'accessibilité sexuelle en soi qui cause la séparation. Elle est plutôt la conséquence d'une rupture entre conjoints.

Il est évidemment hautement souhaitable pour deux conjoints de rechercher à la fois l'attachement affectif et l'accessibilité sexuelle, non parce que la combinaison est plus noble, mais tout simplement parce qu'elle offre plus de chance de succès, de stabilité et de plaisir. Se marier en comptant exclusivement sur l'intérêt sexuel équivaut à travailler uniquement pour obtenir un salaire. La monotonie et le désenchantement menacent sérieusement une telle perspective. La recherche de l'amour érotique n'est pas plus avilissante que celle de n'importe quel autre plaisir, mais tout simplement insuffisante pour entretenir longtemps une relation à deux. Voilà comment le besoin indifférencié d'affection contribue à entretenir le mythe de l'amour indéfectible qui n'existe pas dans la réalité quand on sait à quel point les goûts changent et les émotions fluctuent. Lorsque j'achète une propriété parce que je lui reconnais des qualités exceptionnelles, suis-je forcé pour autant de la conserver le reste de ma vie? Suis-je obligé de m'abstenir de visiter toute autre résidence et d'en apprécier les avantages sous prétexte que je suis déjà propriétaire?

La fidélité sexuelle parfaite est un objectif peu réaliste, et y parvenir risquerait de mettre en évidence une forme quelconque de pathologie. Nous venons au monde avec des tendances plurisexuelles prononcées, que notre puritanisme ancestral n'a pu étouffer. La société pousse l'homme à admirer des cover-girls toutes prêtes à le séduire et à exacerber ses sens. Il en est de même pour la femme à qui la société présente des modèles romantiques de princes charmants remplis de délicatesse pour elle. Elle met en évidence l'attirance physique sentimentale qu'éprouve le soupirant. En même temps que nous invoquons sans discernement la fidélité conjugale, nous nous gargarisons d'occasions de pratiquer le libertinage. Désirer plusieurs partenaires est biologiquement et psychologiquement tout aussi normal que de désirer changer de nourriture, d'habitation ou d'emploi. Les anormaux risquent donc d'être ceux qui n'éprouvent pas ces désirs de diversification. Remarquez bien que les désirs les plus farfelus n'engagent à rien puisqu'ils n'appartiennent qu'au monde des idées. C'est leur réalisation qui occasionne souvent des ennuis. Entretenir la fantaisie de désirer faire simultanément l'amour avec les dix femmes les plus physiquement attrayantes s'avère tout à fait inoffensif pour la stabilité d'un couple. Cette fantaisie peut même contribuer à enrichir la vie sexuelle des conjoints. Oui, me direz-vous, mais la Bible condamne l'adultère même en pensée. N'oublions pas cependant qu'elle a été écrite par des hommes. Si ces hommes ont exercé leur droit de condamner l'adultère, d'autres peuvent également exercer leur droit d'ignorer des prescriptions bibliques qui tentent de prêter à Dieu des intentions punitives inconciliables avec sa miséricorde. Quel être humain peut prétendre avoir été fidèle alors que tant d'invitations visuelles, auditives, littéraires l'incitent à ne pas l'être? Si le Créateur a voulu nous doter d'une capacité d'imaginer, pourquoi nous condamnerait-il de l'avoir exercée en ce domaine et nous glorifierait-il de l'avoir utilisée dans d'autres.

L'observation clinique montre qu'il n'y a rien de bénéfique à retirer quoi que soit des codes qui interdisent parce qu'ils ne sont pas applicables et qu'ils sont "psychologiquement désastreux"(4). Respecter à la lettre les commandements de la Bible équivaudrait à condamner à la psychose la plupart des êtres humains, ce qui entre en contradiction avec la notion même de Dieu qui n'a pu vouloir une telle destinée à une créature qu'il a voulue libre.

Le problème n'est donc pas de savoir si nous sommes autorisés à commettre l'adultère ou non, mais bien plutôt à en envisager les avantages et les inconvénients, compte tenu des directives religieuses pour un pratiquant. Si je suis prêtre catholique, j'ai certainement avantage à m'abstenir de prôner des rapports sexuels adultérins, non pas parce qu'ils sont condamnables, mais parce qu'ils contreviendraient à une consigne émise par l'institution dont je me veux le représentant. Une telle attitude risquerait, par conséquent, d'entraîner plus de problèmes qu'elle ne pourrait en résoudre. Si, par ailleurs, je ne suis pas un adepte d'une telle institution, en voulant obéir aveuglément à un tel code simplement parce qu'un certain nombre de gens prétendent le faire, je risque fort de sombrer dans la névrose au cas où je contreviendrais à la règle. Si d'autre part je consens à m'abstenir totalement de pratiquer l'adultère parce que je vois des avantages à sacrifier de telles intentions sexuelles, la frustration engendrée risque d'être fort supportable et, par conséquent, aucunement traumatisante. Somme toute, il s'agit d'évaluer le prix que chacun veut payer pour maintenir une union désirée. Si mon union ne court pas de risque grave à autoriser l'adultère, il n'y a pas d'interdit qui puisse l'empêcher. Si je place mon union au-dessus de ces désirs, j'y renoncerai avec sérénité. Si par ailleurs j'y accède régulièrement, je risque de compromettre le maintien de mon union à moins d'être marié à un conjoint exceptionnellement ouvert et réaliste.

L'impulsion sexuelle est une impulsion importante, mais pas nécessairement la plus importante. Elle peut être sacrifiée comme bien d'autres au profit d'autres désirs. Il est également possible d'éprouver tous les désirs que l'on veut sans obligatoirement passer à l'action. "Tant que vous resterez fidèle à votre mari parce que vous pensez honnêtement que telle est la meilleure des solutions, et celle dont vous souffrirez le moins, et non pas parce que vous pensez que l'adultère est mauvais et horrible par nature, tout ira pour le mieux" (4, p. 214).

Une philosophie du mariage qui promulgue la nécessité de la fidélité absolue ne contribue qu'à dresser des obstacles que ses idéaux veulent pourtant éviter. L'exigence de fidélité absolue signifie donc que vous renoncez à toutes fantaisies, parce que c'est là ce qu'implique la fidélité absolue, c'est-à-dire celle consistant à n'avoir que des pensées et des agissements dont le partenaire est l'unique centre d'attraction. Avouez qu'à ce compte aucun être humain n'est fidèle et que de toute façon une telle fidélité entraînerait rapidement la totalité des couples dans une vie affective et sexuelle desséchante. Je me souviendrai sans doute longtemps de ce vieux couple, marié depuis cinquante ans, qui dégageait la sérénité et le bonheur par ses propos nuancés et chaleureux. Le vieil homme de quatre-vingts ans disait qu'il avait vécu toute sa vie conjugale en envisageant la possibilité que son épouse pourrait le quitter. Il s'était donc efforcé chaque jour de la reconquérir et de lui être affectueusement dévoué de façon à maintenir, sinon accroître, son intérêt à demeurer avec lui. Il n'avait pas pris pour acquis qu'elle lui appartenait mais au contraire qu'elle aurait pu en tout temps décider de partir. N'est-il pas plus prudent d'adopter une attitude semblable et d'ainsi vous éviter de sérieuses perturbations psychologiques si jamais vous apprenez que votre conjoint a été infidèle? Vous pouvez dès maintenant considérer que plusieurs hommes ou femmes sont des candidats sérieux à l'investiture conjugale de votre conjoint, et qu'en conséquence vous avez tout avantage à faire valoir la supériorité des intérêts que vous représentez pour celui-ci sur les autres susceptibles de se présenter. Rivaliser avec un aspirant pour gagner ou garder votre conjoint peut vous fournir l'occasion de déployer avec plus d'à-propos et d'habileté les talents que vous possédez pour aider un partenaire à être heureux. Le considérer comme votre propriété risque d'entraîner un laisser-aller interpersonnel qui n'est que préjudiciable à la santé psychologique du couple. Rappelez-vous que lorsque deux acheteurs se présentent pour acheter une maison qui les intéresse, elle ira fort probablement au plus offrant. Il serait regrettable que vous perdiez un conjoint auquel vous tenez parce que vous n'avez pas été disposé à y mettre le prix, alors qu'un plus offrant y aura consenti. À ce titre, l'adultère peut même être un facteur de permanence conjugale, en vertu de la crainte qu'il représente pour le conjoint. Il peut inciter celui-ci à tout mettre en oeuvre pour éviter qu'il se répète régulièrement, à moins que vous ne le pratiquiez pour combler une absence ou une incompétence sexuelle du partenaire, alors que, pour le reste, votre union est stable et satisfaisante.

L'obstination à défendre la fidélité sexuelle absolue risque de conduire ses adepte à trois éventualités: la résignation et la déception; le rejet d'un premier mariage avec possibilité d'une nouvelle tentative plus réaliste; et finalement un rejet complet du couple avec un abonnement aux unions à court terme.

"Les normes entraînent des exigences, les exigences des manoeuvres, les manoeuvres la frustration, la frustration l'amertume. On ne peut enrayer cette progression du mal qu'en l'arrêtant à la source, en éliminant ces normes inadaptées qui sont la racine du mal. (4, p. 76)"

Une autre cause de l'intolérance de l'infidélité sexuelle provient probablement de l'opinion voulant que l'exercice de la sexualité soit une preuve d'affection. Nous sommes ici en présence d'une idée particulièrement pernicieuse et responsable d'un bon nombre de ruptures conjugales. Est-ce que l'exercice de mes talents culinaires démontre hors de tout doute que je voue à la profession de cuisinier une passion sans borne? Pourriez-vous affirmer que vous n'êtes pas un fidèle partisan des Expos de Montréal sous prétexte que, durant cinq parties au cours d'une saison, vous avez favorisé l'autre équipe pour des raisons précises? Lorsque, au cours d'une de ces cinq parties, vous souhaitiez que l'équipe adverse remporte la victoire, cela signifiait-il que vous renonciez à votre esprit partisan? Est-ce à dire alors qu'une affection profonde entre deux êtres humains n'est consacrée que par l'exercice exclusif de la sexualité entre ces individus? Mais que faites-vous alors de l'affection tendre d'un père pour sa fille? Diriez-vous que cet amour n'est pas véritable parce qu'il ne s'accompagne pas d'ébats sexuels? Est-ce que d'autre part l'exercice intense de sa sexualité prouve qu'une prostituée affectionne profondément tous ses clients? Vous constaterez avec moi que l'affection authentique est réalisable sans sexualité et que l'exercice de la sexualité est très concevable sans affection.

L'obsédante tendance au blâme

Parmi les croyances que véhicule notre société, non seulement face au mariage mais face à une multitude de comportements, figure l'habitude presque maladive de blâmer les humains lorsqu'ils ont commis une ou plusieurs erreurs. Pourtant le blâme ne fait de bien à personne en plus de risquer de compromettre l'équilibre de celui qui y recourt. Blâmer est une démarche psychologique qui consiste fondamentalement à nier le droit à quelqu'un de poser un geste sous prétexte qu'il peut être désavantageux ou nuisible pour lui ou pour un autre. Songez-y une seconde fois. Si un être humain n'avait pas le droit de faire ceci ou cela, il ne pourrait pas le faire. S'il le fait, c'est que la réalité l'y autorise, et ce indépendamment de la loi. Les codes légaux ne font que prévoir des avantages ou des inconvénients à exercer ce droit afin d'assurer une certaine cohésion sociale. Dans l'utilisation quotidienne du mot "droit", nous avons tendance à lui prêter un sens restrictif alors que dans son sens philosophique, le droit se définit comme étant l'exercice d'une capacité. L'inventaire des capacités humaines comporte donc une infinité de possibilités d'action aussi nuisibles que profitables à l'homme. Songez, à titre d'exemple, à l'infernale course aux armements nucléaires, à la pollution sous toutes ses formes et à combien d'autres gestes destructeurs. Si l'être humain n'avait pas la capacité (le droit) de tuer, de voler, de mentir, de tricher ou d'oppresser, les codes législatifs n'existeraient tout simplement pas. Leur élaboration est la plus éloquente démonstration de l'existence de ces droits que nous avons cependant le loisir de ne pas exercer. Si nous choisissons d'exercer l'un ou l'autre de ces droits, des inconvénients en résulteront. Lorsque vous jouez aux cartes et que vous décrétez d'un commun accord que vous appliquerez telle ou telle règle, ce code n'élimine pas automatiquement la possibilité qu'un des joueurs décide de tricher en passant outre aux règles établies. Il est donc illogique de prétendre que nous n'avons pas le droit de transgresser une norme.

Sur le plan psychologique, ces nuances apparemment minimes engendrent des conséquences néanmoins considérables. En effet, le fait de nier qu'un droit puisse être exercé engendre un sentiment d'hostilité à l'endroit de la personne qui l'exerce. Reconnaître un droit élimine tout sentiment d'hostilité à l'égard de la personne qui l'exerce. Remarquez qu'il est possible de reconnaître le droit qu'a une personne de poser un geste désavantageux sans approuver ce geste. Si vous n'approuvez pas l'exercice d'un droit, vous pourrez travailler à le combattre sans vous sentir hostile. N'est-ce pas plus avantageux pour chercher des moyens efficaces? Ne subsistera alors que l'appréciation des avantages et des inconvénients découlant de l'exercice du droit. C'est ainsi que vous serez déçu(e) si vous souhaitiez que votre fille entreprenne de longues études alors qu'elle en décide autrement. Si vous exigez qu'elle aille à l'université, en refusant de reconnaître son droit de désobéir à votre exigence et qu'elle exerce en fait ce droit, vous serez hostile. Constatez la différence de désagrément entre la déception et la colère de même que leurs répercussions respectives sur la qualité de la relation qui en découlera. En plus de ne procurer aucun bien à celui ou celle qui en est victime, l'hostilité ne permet généralement pas à la personne qui y recourt d'atteindre l'objectif qu'elle poursuit.

Le mariage offre une multitude d'occasions d'exiger de son conjoint des performances extraordinaires. Ainsi Luc sera hostile face à Louise s'il croit qu'elle n'aurait pas dû brûler son pantalon en le repassant distraitement, ou encore si Louise prétend que Luc n'a aucune excuse d'avoir oublié son anniversaire de naissance. Ces occasions sont souvent utilisées pour reprocher toutes sortes d'agissements au conjoint, aux enfants, à l'employeur ou au chien. Il en résulte autant d'émotions désagréables qui contribuent à diminuer la créativité que vous mettez à trouver des solutions, à diminuer l'estime que vous portent les gens qui vous entourent et à faire monter votre tension artérielle.

Les performances sexuelles sont probablement les plus susceptibles d'être l'objet d'exigences perfectionnistes dans le couple. Il est pour le moins peu raisonnable de s'attendre à des performances sexuelles remarquables chez des conjoints qui commencent une vie à deux, lorsqu'on tient compte de la faible préparation avec laquelle ils s'y engagent. Cette absence de préparation à la vie à deux pourrait donner lieu à des marques d'indulgence et ainsi éviter tant d'attitudes hostiles auxquelles le recours ne fait qu'augmenter les chances d'échec. Somme toute chacun attend de l'autre une compétence que ce dernier n'a pas et le blâme des maladresses qui peuvent en résulter. Nous blâmons rarement un ami qui en est à ses premières armes au golf pour quelques erreurs, et ce même lorsqu'il fait preuve de talent. Pourquoi devrait-il en être autrement lorsque deux personnes font l'apprentissage de la vie à deux et surtout l'apprentissage de l'harmonie sexuelle?

Le blâme apparaît comme une forme de châtiment imposé à la personne qui fait une erreur qu'elle n'est pas censée commettre afin que l'erreur commise ne se répète pas. L'expérience révèle pourtant que cette démarche n'est que très peu efficace. En effet, deux réactions fréquentes apparaissent chez la personne blâmée. La première est l'anxiété causée par l'idée qu'il est horrible et effrayant d'avoir commis une erreur. Cet état d'anxiété prédispose désormais la personne à répéter ses erreurs et même à en commettre de nouvelles. La seconde est la rancune à l'endroit du blâmeur. Il reçoit l'hostilité du blâmé lequel prétend qu'il ne devrait pas être blâmé. Ce genre de situation combinée à ce type de réaction invitent la personne blâmée à vouloir se venger. Non seulement cherchera-t-elle à se moquer de l'ordre que lui intime le blâmeur, mais elle cherchera à aller dans le sens opposé pour assouvir sa vengeance et prodiguer au blâmeur la même médecine qu'elle lui reproche pourtant de pratiquer. Dans les deux cas nous observons que l'objectif initial d'éviter les erreurs n'est pas atteint. Une démarche réaliste et plus profitable consisterait à réaliser qu'une erreur a été commise et qu'en comprendre les causes afin de la corriger pourrait contribuer à éviter qu'elle ne soit répétée à l'avenir. Une telle démarche est, vous en conviendrez, beaucoup plus sereine et profitable que le blâme qui nécessite un investissement émotif plus considérable tout en ne rapportant que de piètres dividendes. Ce qui est paradoxal, c'est qu'il contribue précisément à produire le mal qu'il prétend faire disparaître.

Le blâme représente en fait un sous-produit du perfectionnisme dont nous avons parlé plus haut; or, il contribue à éloigner de la perfection les actions parfaites qu'il recherche. Il contribue par surcroît à instaurer un climat d'hostilité, de culpabilité et d'anxiété. De telles dispositions ne peuvent à la longue, lorsqu'elles se multiplient, que favoriser le désir de séparation ou de divorce dans un foyer. Je reconnais volontiers cependant qu'en arriver à une telle sérénité demande des mois et peut-être même des années d'exercice surtout lorsqu'on est plus âgé et sujet à exprimer beaucoup d'hostilité. Que voulez-vous, c'est la rançon qu'impose la nature humaine lorsque des apprentissages ont été négligés. Consolons-nous; nous avons encore la possibilité de redresser ces habitudes inappropriées même après plusieurs années d'exercice, contrairement à l'arbre qui, parvenu à maturité, ne peut redresser un tronc tordu. Remarquez que l'apprentissage de la sérénité est une tâche longue et ardue. Le maintien d'attitudes hostiles occasionne de nombreux inconvénients qui rendent la vie plus pénible encore que les efforts que vous pourriez tenter pour les chasser. Effort pour effort, je préfère encore travailler à recueillir des fruits satisfaisants qu'à me laisser aller à éprouver un inconfort parfois intense et persévérant. Ne vaut-il pas mieux être riche et en bonne santé psychologique qu'être pauvre et névrosé?

La tendance au blâme trouve également sa source dans l'idée que les choses devraient aller comme nous le voulons et qu'en conséquence toute privation d'un résultat exigé est une horrible catastrophe. Vous reconnaîtrez probablement dans cette philosophie une attitude puérile qui se caractérise par une pensée magique. Dans la tête de l'enfant, il suffit de vouloir pour que la chose existe. Si cette attitude est compréhensible chez l'enfant qui jouit d'une capacité de raisonner très limitée et qui n'a du monde qu'une connaissance rudimentaire, elle est inacceptable chez l'adulte qui possède un développement intellectuel achevé, des connaissances plus considérables et une expérience plus étendue. L'adulte a, par conséquent, tout à gagner à se débarrasser de cette tendance qui ne conduit qu'à la désillusion, à l'hostilité et à la déception. Le mariage, surtout tel qu'il a été conçu jusqu'à présent, fournit de nombreuses occasions d'être frustré. L'entente conjugale sereine exige précisément que l'on renonce à certains plaisirs immédiats en se soumettant temporairement aux désirs de l'autre parce que le plaisir que procure cette soumission est supérieur à celui que procure l'entêtement. Quelqu'un qui croit le contraire en s'imaginant que la vie de couple devrait se dérouler comme il l'entend risque de développer et d'entretenir cette tendance au blâme.

Vous avez sans doute remarqué à plusieurs reprises que nous avons largement tendance à croire profondément que le malheur a des origines extérieures à l'être humain. Cette tendance prédispose considérablement au blâme et, conséquemment, déclenche des émotions qui sont perçues comme incontrôlables et allant de soi. C'est ainsi que Gaston prétendra qu'il n'est pas la cause de la monotonie de sa vie de couple; puisque Ginette refuse de se prêter à quelques initiatives sexuelles, c'est à elle qu'incombe le fardeau de cette lassitude. Vous conviendrez qu'une telle croyance entretenue longuement prédispose nécessairement à la séparation ou au divorce. Rappelez-vous qu'il faut deux personnes instables pour former un couple de névrosés. Il apparaît hautement avantageux pour deux êtres humains qui veulent vivre ensemble pour la vie d'adhérer à l'idée que les événements ne sont que des occasions et que c'est presque uniquement de l'interprétation que nous faisons de ces événements que dépend notre plaisir ou notre déplaisir émotif. Il est heureux que nous puissions disposer d'une telle capacité parce qu'autrement des centaines de millions d'êtres humains auraient été et seraient condamnés à être malheureux pour la durée de leur existence. Grâce à cette capacité, d'innombrables humains ont su acquérir une sérénité à faire rougir bon nombre d'entre nous qui vivons dans un contexte socio-économique particulièrement choyé. Vous lirez, pour vous en convaincre, *L'Archipel du Goulag* de Soljenitsyne. Les humains sont ce qu'ils sont et il n'existe aucune loi de l'univers stipulant qu'il devrait en être autrement. Si c'était le cas ils seraient différents de ce qu'ils sont. Par conséquent, blâmer, critiquer, maugréer contre celui-ci ou celle-là ne vous procurera pratiquement que des ennuis. Vous auriez avantage à tenter de changer d'attitude ou de corriger vos propres erreurs, à aider votre conjoint à faire de même dans la mesure du possible et enfin à accepter sereinement les imperfections qui demeureront. Une telle démarche vous permettra fort probablement d'être plus heureux dans votre ménage. Vous avez peu à perdre à tenter l'expérience.

Se marier pour résoudre un problème

S'il semble se dégager des considérations traitées jusqu'à maintenant que le mariage représente pour certains une occasion d'entrer en possession exclusive d'un autre être humain, ce motif, si puissant soit-il, n'est pas le seul à pousser des partenaires à se marier. D'autres motifs aussi fragiles sont invoqués pour que l'on convole en justes noces.

Pour beaucoup de couples, le premier objectif du mariage c'est de donner naissance à des enfants. Remarquez que désirer avoir des enfants n'est en aucune façon condamnable. Les mettre au monde cependant ne représente pas la clause la plus difficile du contrat. Elle peut même être relativement agréable et source de beaucoup de gratifications pour les conjoints et l'entourage immédiat. Les éduquer dans un contexte raisonnablement constructif et enrichissant pour eux représente une autre facette du contrat, elle-même moins prometteuse de satisfactions immédiates. Faire l'acquisition d'une ravissante maison dernier cri est incontestablement plaisant, mais en assumer le fardeau financier pour les vingt années suivantes présuppose une analyse substantielle des implications financières à défaut de laquelle les acquéreurs risquent la dépossession. Certes, une telle éventualité est désagréable et engendre une insatisfaction durable. Il en est de même à l'occasion de la naissance d'un ou de plusieurs enfants. Si un tel projet n'a pas été l'objet d'une longue analyse du plus grand nombre possible de ses avantages et de ses inconvénients, élever ces enfants risque de devenir une corvée fastidieuse pour les parents et destructive pour les enfants. Pour élever des enfants et contribuer à leur bonheur, il est bon de pouvoir compter sur l'affectueuse tolérance d'un conjoint, sur une union conjugale stable et sur une philosophie d'éducation commune. Ignorer ces dimensions en prenant une décision rapide augmente la probabilité d'amers regrets chez ceux qui l'auront prise.

Un second motif consiste à envisager le mariage comme un palliatif de la solitude. Vous aurez sans doute reconnu ici le déguisement qui cache un besoin d'affection que seul un conjoint pourra apporter. C'est encore une fois appuyer une union sur des assises instables puisque le candidat au mariage ne pourra jamais avoir la certitude que le partenaire lui procure toute l'affection qu'il exige ni même qu'il dit vrai lorsqu'il l'affirme. C'est remettre entre les mains d'autrui la responsabilité de son propre bien-être. C'est là un bien grand risque dont les conséquences sont parfois considérables. Je rencontrais, il y a quelques années, un veuf d'une soixantaine d'années qui ne cessait de déplorer la disparition, six ans auparavant, de sa tendre épouse. Au nom de ce "besoin" il avait développé la fâcheuse habitude d'ennuyer ses interlocuteurs par ses gémissements lancinants. De tels propos ne tardèrent guère à lui causer une profonde tristesse et, par surcroît, contribuèrent à éloigner petit à petit ceux qu'il affectionnait. Il en vint lui-même à constater amèrement que non seulement il souffrait de cette rupture, à son avis injuste et tragique, mais que ses proches l'abandonnaient poliment à la solitude. C'est souvent le sort réservé aux humains dont le besoin d'affection est indifférencié. Ils finissent par atrophier par leur exigence la considération de leurs plus fidèles amis.

Certaines personnes se marient pour quitter leur famille. Nous retrouvons là encore un mobile fort précaire d'une union stable et heureuse. On retrouve cette tentation chez des personnes souffrant d'un sentiment d'insécurité et de manque de confiance en leurs capacités. Cette tentation surgit surtout chez de jeunes adultes qui, par exemple, terminent des études et s'apprêtent à affronter le marché du travail. Cette étape de leur vie est souvent lourde d'insécurité: ils ne savent pas s'ils trouveront un emploi, s'ils auront la compétence pour le remplir et s'ils le conserveront. Le mariage leur apparaît alors comme la planche de salut. Ils ne réalisent pas toujours qu'ils évitent un abîme pour tomber dans un autre. Ce sera la jeune

fille qui s'engage dans une course contre la montre pour
arriver à dénicher le Prince Charmant afin de pouvoir enfin
quitter un foyer opprimant qu'elle n'a jamais osé affronter; ou
encore le jeune homme qui, pour éviter de se soumettre aux
directives paternelles lui enjoignant de déposer une bonne
partie de sa paie dans le compte de banque familial, s'empres-
sera de fonder un foyer pour ainsi disposer de la totalité de ses
revenus. Vous aurez compris qu'une telle urgence ne favorise
pas l'analyse objective de toutes les implications d'une telle
décision. Il est compréhensible que ces jeunes adultes veuillent
se soustraire à de tels problèmes familiaux, mais leur
empressement à les régler ainsi témoigne d'une conception
bien peu réaliste du mariage.

Vous reconnaîtrez probablement dans le mobile suivant
l'intention louable mais souvent fort peu réaliste d'épouser un
conjoint pour le sauver d'une vie malheureuse. Une illustration
fréquente de ce genre de missionnariat se retrouve chez
l'homme ou la femme qui épouse une ou un alcoolique. Ces
personnes sont presque toujours convaincues qu'elles représentent pour le partenaire affligé la seule planche de salut.
Vous avez peut-être vous-même dans votre entourage un
proche, un ami ou une amie dont c'est le cas. La généralisation
pour le moins abusive que font ces personnes consiste à prétendre que personne mieux qu'elles ne saurait comprendre le
conjoint et qu'en conséquence elles sont les mieux placées pour
lui venir en aide. L'exagération provient évidemment du fait
qu'elles confondent deux choses: d'abord l'affection souvent
sincère et profonde qu'elles vouent au partenaire, et deuxiè-
mement le fait que cette affection à elle seule résoudra ses
problèmes. Souvent aveuglées par cette affection sincère, les
personnes animées de telles intentions ne mesurent pas très
objectivement l'ampleur des difficultés du conjoint, connaissent mal les moyens appropriés de lui venir en aide et, dans
leur empressement, interviennent souvent de façon inadéquate.
Vouloir venir en aide à un être que l'on affectionne est certes

une manifestation indubitable d'amour mais le faire de cette manière est presque toujours une entreprise vouée à l'échec. Rappelez-vous qu'un cordonnier est souvent mal chaussé, que le médecin ne met pas toujours lui-même en pratique les conseils qu'il prodigue et que nul n'est prophète dans son propre pays. Si l'on souhaite véritablement aider une personne que l'on aime, il est plus prudent de lui faciliter l'accès à des spécialistes en la matière, plus compétents, et aussi plus objectifs du fait de l'absence de lien affectif.

Un autre mobile conduit à certaines unions conjugales. Certaines personnes se marient pour couronner une longue fréquentation. Après quatre, cinq, six ou sept ans de fréquentation, elles finissent par se convaincre qu'il n'y a pas d'autre issue que le mariage, s'étant habituées à travers toutes ces années à la présence de l'autre. L'habitude d'être en présence de quelqu'un engendre un attachement souvent confondu avec l'affection. Qu'il vous suffise de fouiller dans les relations que vous entretenez tous les jours pour le constater. Vous avez recours, monsieur, au même mécanicien depuis maintenant cinq ans ou peut-être davantage, au facteur que vous croisez invariablement tous les matins et que vous saluez amicalement depuis maintenant huit ans; ou vous, madame, subissez avec la même patience exemplaire les traitements capillaires de votre coiffeuse tout en prenant connaissance des ragots du quartier. Que vous appreniez le départ de l'un ou l'autre de ces familiers de votre univers quotidien, vous en ressentirez presque automatiquement un pincement. Signifie-t-il l'existence d'un sentiment affectueux à leur endroit? Ce n'est pas le cas pour la plupart d'entre nous. Nous étions tout simplement habitués à leur présence. À moins d'être de véritables coeurs de pierre, nous avons développé envers eux un attachement qui ne relève pas de l'affection caractéristique des liens amicaux ou conjugaux mais de l'appréciation chez ces personnes d'un petit nombre de caractéristiques. De longues fréquentations donnent à penser que si le nombre des caractéristiques appréciées n'était pas suffisant pour mener au mariage, il l'était pour maintenir un attachement. Céder aux pressions de cet attachement pour se marier comporte des risques sérieux d'échec.

Il existe évidemment de nombreux autres mobiles pouvant inciter deux personnes à s'épouser. Je laisse à votre discrétion d'apprécier la fragilité des deux derniers. En effet, des gens semblent se marier pour ne pas payer deux loyers ou pour quitter un travail pénible. Ces motifs me rappellent une discussion que j'avais un jour avec une dame de nationalité étrangère qui me disait avoir épousé un homme parce qu'une fois mariée, il lui serait plus facile de quitter son pays. Sous le couvert d'une affection véritable se cachait un intérêt plus marqué encore pour la liberté et l'évasion. Son but atteint, elle se séparait un an plus tard évaluant plus objectivement le trop grand nombre d'incompatibilités qui existaient entre elle et son conjoint. Je ne fais évidemment pas allusion au conjoint astucieux qui, consciemment, élabore en feignant le grand amour une brillante stratégie dont l'aboutissement officiel est le mariage, mais dont le but officieux est l'évasion d'un pays qu'il ne peut fuir autrement.

S'il est vrai qu'il est possible à un être humain d'invoquer des milliers de raisons pour unir sa destinée à celle d'un conjoint, il faut bien admettre cependant que pas mal d'entre elles s'avèrent préjudiciables à l'atteinte des objectifs poursuivis. J'ai tenté de présenter dans ce chapitre quelques-uns des principaux pièges qui compromettent l'harmonie conjugale. Que ce soit l'exigence de fidélité absolue, le besoin effréné d'affection, la tendance à blâmer ou la recherche d'une voie d'évitement, toutes ces motivations promettent d'inutiles désagréments. Faut-il alors s'engager dans le mariage avec sa tête plutôt qu'avec son coeur? C'est à cette question que tentera maintenant de répondre le troisième chapitre.

Chapitre III

Mariage de raison
ou mariage de coeur

Une croyance populaire veut qu'il existe deux catégories de mariages: les mariages d'amour et les mariages de raison. Vous aurez sans doute conclu, comme le veut la tradition, que les premiers sont de première qualité alors que les seconds sont contractés pour résoudre des problèmes comme une grossesse illégitime, par exemple. Cette opposition existe-t-elle vraiment ou n'est-elle qu'une apparence? Le coeur et la raison sont-ils véritablement antagonistes? Je tenterai, dans ce troisième chapitre, de répondre à ces questions. Je déterminerai, dans un premier temps, le rôle de la raison dans l'apparition de l'émotion afin que soit mieux comprise l'interrelation étroite qui existe entre la cognition (raison) et l'émotion. Nous examinerons en second lieux, sous un éclairage rationnel, quelques-unes des composantes d'un mariage de raison, qui, loin d'être desséchantes, contribuent à donner plus de saveur à l'affection des conjoints.

Rôle de la perception dans la production de l'émotion

Il est important de comprendre que ce sont les croyances réalistes ou idéalistes que nous a données l'éducation, les expériences vécues et la publicité qui ont modelé notre personnalité. Ce sont ces croyances qui sont la source des déséquilibres émotifs vécus dans le mariage ou ailleurs. Si nous voulons les éviter, le recours à la raison est le seul instrument dont nous disposions pour procéder à l'analyse systématique du contenu de ces idées et pour n'en retenir que les éléments réalistes. Cette analyse amène à constater la présence d'illogismes dans un bon nombre d'affirmations que nous faisons. Ce n'est pas la présence de l'illogisme qui est regrettable mais les conséquences psychologiques qu'il entraîne; en effet, sous l'effet de l'illogisme, des états émotifs correspondent aux perceptions entretenues à propos du monde qui nous entoure. Il semble en effet exister une équation entre l'exagération d'une perception et l'intensité de l'émotion qu'elle déclenche. Ainsi dès que nous qualifions de catastrophique la disparition d'un être cher, nous éprouvons un sentiment d'intense anxiété. Cette anxiété entraîne à son tour l'éclosion d'autres perceptions plus désespérantes les unes que les autres. Nous nous retrouvons alors dans un état émotif proportionnel à l'ampleur des perceptions que nous avons du monde. Il est donc capital d'identifier l'illogisme d'un bon nombre de nos perceptions pour assainir nos émotions. Un exemple d'illogisme consiste à affirmer qu'une période de quinze jours consécutifs de pluie équivaut à un temps insupportable, alors même que nous le supportons depuis quinze jours.

Il est important de comprendre que ces illogismes sont le résultat d'une accumulation d'idées dénuées de fondement. N'est-il pas insensé de prétendre, dans un contexte matrimonial, que l'humeur massacrante du conjoint est insupportable alors même qu'on s'est montré capable de la supporter? Si la situation était en fait insupportable, on ne pourrait pas, avec la meilleure volonté du monde, la tolérer et on en mourrait à la limite. Qualifier d'insupportable ce qui est supporté constitue une évidente contradiction. Il y a donc opposition entre l'affirmation et la réalité. La réalité est ce qu'elle est et rien de plus. La qualifier ou la décrire d'une manière inexacte contribue à embrouiller une situation plutôt qu'à la clarifier. Amusez-vous à identifier d'autres exemples comme ceux que je viens d'analyser avec vous et vous saisirez combien il est facile d'arriver à construire des raisonnements illogiques. Un nombre important de ces illogismes ont des répercussions sur notre bien-être émotif. Ainsi, croire que le succès s'atteint par la facilité et l'absence d'effort constitue un illogisme. "Oui, mais tout le monde fait ça tout le temps" me direz-vous sans doute! Tout le monde et tout le temps sont probablement deux généralisations abusives qui ne décrivent pas fidèlement le comportement de tous les êtres humains. Que vous vous corrigiez en affirmant que beaucoup d'êtres humains profèrent beaucoup d'illogismes m'apparaît plus exact. Nous sommes tellement habitués à entendre de tels illogismes que la plupart du temps nous ne les remarquons même plus.

Si nous en sommes là, c'est que nous avons appris dès notre jeune âge à affirmer des choses inexactes à l'exemple des adultes et que nous les avons tout simplement imités faute de connaissances et de développement suffisants pour apporter les nuances appropriées. Comme un bon nombre des êtres qui nous entouraient recouraient plus ou moins à cette façon de penser, nous avons appris à faire la même chose n'étant guère en contact avec des appréciations plus nuancées. Remémorez-vous les quelques occasions de votre vie où il vous a été donné de croiser un être humain qualifié de sage. Prenez le temps de vous rappeler quelles étaient les caractéristiques de cette sagesse. Vous arriverez probablement à retrouver la simplicité des propos émis, ainsi que l'esprit nuancé et l'absence de jugements absolus qui les inspiraient.

En dépit du conditionnement systématique qui nous a amenés à imiter la manière de penser des gens qui nous ont vus grandir, il est important de réaliser, si nous voulons acquérir une plus grande sérénité affective, qu'il nous est possible de développer un esprit plus critique et de devenir plus logiques. Parvenus à maturité, notre intelligence est en mesure d'analyser et de critiquer de façon constructive les idées qui sont véhiculées. Je prends à titre d'exemple un des slogans publicitaires diffusés à la radio: "Tout le monde le fait, faites-le donc", qui laisse subtilement entendre que si nous n'imitons pas la majorité, nous ne sommes pas "corrects". Une telle affirmation utilise la puissance du nombre pour inciter une personne à changer d'idées afin de se rallier à la majorité. C'est souvent à des tactiques aussi illogiques que recourt la publicité, entre autres. Nous ajoutons souvent foi à des affirmations uniquement parce qu'elles sont lancées par des personnes jouissant d'autorité ou d'un prestige social considérable. Il vaudrait mieux exercer son propre sens critique avant d'endosser la position de quiconque; nous ferions mieux de partager l'opinion de quelqu'un parce qu'à notre point de vue il dit la vérité, plutôt que de faire confiance à sa réputation. Nous risquons moins ainsi d'être leurrés et condamnés à en subir les conséquences. Ne vous fiez pas aveuglément à la logique des autres. Dites-vous plutôt que les autres déploient généralement leur logique pour satisfaire leurs propres intérêts et rarement les vôtres. En recourant à votre propre sens critique, vous travaillez assurément à faire fructifier vos intérêts.

Les idées fausses ou illogiques peuvent donc être combattues par la confrontation avec des idées vraies. Si quelqu'un vous affirme, par exemple, qu'un mariage heureux peut se passer de compréhension mutuelle entre les conjoints, vérifiez en recourant à votre propre expérience et à celle d'autres couples. Vous serez ainsi en mesure de réfuter une telle affirmation; de préciser votre propre opinion, d'éclairer éventuellement celle de l'autre et de vous convaincre davantage de l'opportunité des nuances apportées. Il est parfois utile de recourir aux agissements provenant de l'expérience même de la personne qui fait de telles affirmations pour démontrer leur inexactitude. Vous pourriez ainsi lui rendre un service, celui de l'inciter à réfléchir avant d'affirmer. De telles confrontations d'idées contribuent à convaincre les marchands d'idées saugrenues de peser leurs mots étant donné qu'ils n'apprécient guère en général d'être invités à se dédire. Non seulement allez-vous assainir vos propres émotions désagréables en acquérant des idées plus vraies et une logique plus rigoureuse, mais vous augmenterez probablement votre propre crédibilité aux yeux des autres et mériterez par la même occasion leur respect sinon leur considération.

Confronter une croyance avec le réel est très souvent suffisant pour entraîner le remplacement de la croyance utopique par une idée réaliste. Si je vous dis par exemple que la capitale des États-Unis est Washington alors que vous pensiez que c'était New York, et que j'ai quelques preuves à vous fournir, vous ne tarderez probablement pas à changer d'idée. Il en va de même pour un bon nombre d'éléments de connaissances qui alimentent nos raisonnements. Si par contre il s'agit d'une *conviction*, le changement est beaucoup plus difficile. Prenons, par exemple, le cas de l'idée selon laquelle les émotions ne seraient pas causées par les événements mais par l'interprétation que nous en faisons. Il vous sera très difficile d'admettre cette idée si au même moment votre épouse vous invite à prendre l'avion pour un voyage en Floride, alors qu'elle sait pertinemment que vous avez toujours refusé d'y monter, prétextant le danger d'écrasement. Votre refus de prendre l'avion provient probablement d'une double conviction, la première selon laquelle il serait horrible de mourir dans un accident d'avion, et la seconde selon laquelle l'accident que vous craignez tant se produira fatalement au moment où vous serez dans cet avion-là. La première n'est réfutable que dans votre tête puisqu'on ne peut pas faire l'expérience de la mort pour la dépouiller du caractère horrifiant qu'on lui confère. C'est par la réflexion réaliste et répétée que vous arriverez à vous représenter la mort comme normale sans être jamais assuré que vous demeurerez calme sur votre lit de mort. Quant à votre deuxième croyance, elle est réfutable non seulement par un exercice de raisonnement rudimentaire, mais par une démarche concrète. Il vous sera loisible de prendre cet avion pour constater dans le réel qu'il est fort peu probable que cet avion tombe justement au moment où vous l'aurez pris. La seule démarche d'opérer le geste et le fait d'en constater les effets vous convaincront plus énergiquement de l'exagération de vos idées. Un bon nombre de démarches semblables à celle-là contribueront à la longue à modifier des convictions qu'il est plus difficile d'extirper de notre esprit que de vérifier par l'action. Ces gestes énergiques expulsent plus efficacement les croyances mal fondées.

Rôle de la raison dans l'épanouissement

La raison utilise des données pour opérer. Si ces données ne lui parviennent pas par la voie de l'information ou de l'instruction, elle les puisera dans l'imagination, cette merveilleuse faculté ayant le pouvoir de confectionner un monde sur mesure. Son utilisation incontrôlée risque cependant d'entraîner l'imprudent dans un monde où les règles du jeu n'ont rien de commun avec les lois de la réalité. C'est en bonne partie ce qui se passe pour les psychosés qui n'arrivent plus à retrouver les sentiers de la réalité. Les désirs se disciplinent comme les habitudes alimentaires. C'est la raison qui opère les aiguillages et constate que certains choix comportent plus d'avantages que d'autres. Encore faut-il lui faciliter l'accession à des données objectives si l'on désire retirer des avantages des buts qu'elle se fixe.

Donner libre cours, par exemple, à toutes ses fantaisies sexuelles en toutes circonstances équivaudrait sur le plan alimentaire à ne manger que des aliments agréables au goût. À long terme, une telle pratique entraînerait une détérioration de la santé. Il en est de même pour la construction d'une maison. Cette construction ne peut se faire de façon désordonnée lorsque l'objectif visé est un résultat symétrique et harmonieux. La raison intervient pour éliminer ou suspendre les désirs ou les fantaisies dont la réalisation entraverait l'atteinte de l'objectif. Il suffit d'observer le réel avec un tantinet d'esprit critique pour constater que la quasi-totalité des phénomènes qui se produisent répondent à des lois précises et ordonnées. Il ne pleut pas par hasard ou par simple caprice de la nature. Il pleut parce qu'un ensemble de facteurs sont présents dans des proportions précises. C'est grâce à la découverte de plusieurs de ces facteurs qu'il est possible à l'être humain de comprendre en bonne partie les phénomènes atmosphériques. Vous avez sans doute déjà assisté à une réunion où il n'y avait pas d'animateur, de modérateur ou de responsable. Qu'y avez-vous observé? Sans doute un bon nombre d'interventions inadéquates, non pertinentes et incohérentes, où plusieurs personnes parlaient sans attendre la fin de l'intervention précédente, etc. Vous vous êtes sans doute rapidement rendu compte qu'un déroulement si chaotique devient vite anarchique. C'est précisément pour éviter cette éventualité qu'il est à peu près indispensable de choisir un animateur dont la tâche consistera à planifier les interventions en fonction de l'objectif spécifique de la réunion. C'est lui qui détient le mandat de filtrer et d'aiguiller les interventions qu'il juge les plus aptes à favoriser l'atteinte de l'objectif. Il est donc clair qu'un bon nombre d'interventions seront diplomatiquement interrompues parce qu'elles ne sont que peu ou ne sont pas pertinentes. Dans une démarche de vie à deux, c'est de l'usage adéquat de la raison que dépend largement le succès de l'union. C'est elle en effet qui opère une analyse critique des différentes pulsions auxquelles les partenaires d'un couple sont quotidiennement soumis. C'est elle qui favorisera l'établissement des compromis utiles au maintien de l'harmonie entre les conjoints. C'est elle qui découragera la poursuite de projets chimériques parce qu'incompatibles, par exemple, avec les désirs du partenaire. La raison constitue en somme cette espèce de levier de transmission qui permet l'engrenage des différentes composantes de la vie de couple. Réduire son importance dans le mariage ou dans les fréquentations risque d'entraîner l'asphyxie d'une union projetée. C'est elle qui préside à l'élaboration des stratégies devant conduire à la satisfaction, tous les agissements humains étant conditionnés par la recherche du plaisir.

Une infinité de plaisirs sont à la disposition de l'homme. Parmi eux figurent des plaisirs brefs et des plaisirs prolongés. Quelle autre faculté que la raison peut départager les uns et les autres? En effet, les deux catégories sont trompeuses parce qu'elles cachent certains aspects importants. Le plaisir bref promet des avantages à court terme à celui qui désire se satisfaire le plus rapidement possible, en minimisant parfois subtilement la présence d'inconvénients lointains, lorsqu'il ne les déguise pas tout simplement en avantages. Le plaisir bref réussit plus souvent qu'autrement à émousser le désir qu'il a habilement suscité: le cas de l'attrait physique en est une illustration flagrante. Pour de nombreux partenaires, l'apparence physique et la performance sexuelle l'emportent sur toutes les autres caractéristiques personnelles (goûts, intérêts, aptitudes, développement intellectuel, aspirations) plus importantes pour la stabilité d'une union. Celles-ci sont reléguées au second rang lorsqu'elles ne sont pas carrément ignorées par la vision à court terme du mariage. Même si l'attrait physique est incontestablement source de plaisir, son importance a tôt fait de s'atténuer avec la même rapidité qu'il est né puisqu'il se limite à un aspect superficiel. L'importance souvent considérable attachée à cet aspect dans la planification d'un mariage cache une présomption naïve selon laquelle le seul attrait physique suffirait à nourrir une harmonie conjugale durable. Comme la chaleur que procure la combustion d'un ballot de paille, sa durée est brève. Miser exclusivement sur l'attrait physique pour bâtir une union durable équivaut sans doute à vouloir chauffer un foyer avec des ballots de paille.

Compatibilité interpersonnelle plutôt que romantisme

Les meilleurs dictionnaires définissent la compatibilité comme étant "la qualité de deux choses qui peuvent s'accorder ensemble". C'est ainsi qu'on dira que monsieur Prudhomme exerce les professions de médecin et de pharmacien. Nous avons affaire à une personne dont les fonctions différentes sont compatibles en ce sens qu'elles ne présentent pas de caractéristiques ou de facettes qui ne se marient pas ou qui entrent en opposition les unes avec les autres. Par contre l'incompatibilité fera ressortir des caractéristiques qui ne s'accordent pas ensemble et dont l'union risque d'engendrer des problèmes. C'est ainsi par exemple qu'un juge ne peut pas être député en même temps. Il serait préjudiciable à la bonne marche de la société qu'un même individu légifère en même temps qu'il veille à faire appliquer les lois. Sur le plan psychologique, une personnalité perfectionniste est difficilement compatible avec une personnalité négligente. Chacune risque de souffrir de la tendance de l'autre. L'union conjugale de telles personnalités risque d'être fort pénible. La compatibilité s'applique donc davantage à deux entités autonomes jouissant chacune de ses caractéristiques propres. Il est important de ne pas confondre la compatibilité avec la complémentarité. La complémentarité "est ce qui sert à compléter ce qui manque à l'un par ce qu'on retrouve en l'autre". L'architecte trouve son complément auprès de l'entrepreneur en construction. Le spermatozoïde est ce qui manque à l'ovule pour assurer la fécondation. On retrouvera l'équivalent sur le plan psychologique en disant d'un homme qu'il manque de confiance et d'une femme qu'elle est forte. Cette complémentarité cache souvent des pièges. La déficience d'une caractéristique de l'un des partenaires, complétée par la présence bien développée de la même caractéristique chez l'autre, risque d'entraîner à la longue une forme quelconque de dépendance. L'amusant équilibre créé au début peut se transformer en déséquilibre parce que de telles caractéristiques peuvent être incompatibles comme les intérêts d'une personne instruite peuvent en apparence compléter ceux d'une personne ignorante.

Il apparaît donc important qu'un certain nombre de centres d'intérêts, de goûts et de visions soient compatibles entre deux conjoints sans être pour autant identiques. Que l'un d'eux s'adonne au chant alors que l'autre affectionne la musique classique n'occasionnera que peu de conflits sérieux. Si par ailleurs l'un des conjoints jubile à la pensée de mettre au monde des enfants et de les éduquer adéquatement, alors que l'autre rougit de colère à la seule pensée que son rejeton pourrait érafler accidentellement sa rutilante voiture, on peut prévoir de sérieuses altercations. De telles incompatibilités sont donc à éviter si le couple souhaite mener une vie conjugale harmonieuse.

Il va de soi que la compatibilité parfaite n'existe pas et que subsisteront chez tous les couples un certain nombre d'incompatibilités. Le nombre de ces incompatibilités ne devrait pas être trop considérable cependant ni concerner des secteurs fondamentaux de la vie conjugale comme par exemple la sexualité, l'éducation des enfants, les aspirations sociales et professionnelles. Si Josée recherche des rapports sexuels quotidiens alors que Sylvain se satisfait volontiers d'un coït mensuel, leur mariage risque d'aboutir à court terme à un conflit majeur. On dirait des partenaires de ce couple que leur compatibilité sexuelle est faible. Remarquez bien qu'une faible compatibilité ne signifie pas que l'attachement pour le partenaire soit minime. En effet, si la compatibilité constitue un point capital dans l'édification d'une union conjugale réussie, elle est fort différente de l'affection ou de l'amour éprouvé pour quelqu'un. Étant donné que la plupart du temps le mariage est contracté avec l'espoir qu'il dure longtemps, ne vaudrait-il pas mieux le préparer attentivement? Une bonne façon d'amorcer cette préparation consiste à distinguer compatibilité et amour. Un amour sincère entre deux conjoints ne fait pas d'eux des êtres compatibles, pas plus que mon amour du hockey ne me rend compatible avec Guy Lafleur. Une union compatible mais pauvre en affection procurera plus de satisfaction qu'une union incompatible mais amoureuse. Il vaut la peine de souligner que beaucoup de sentiments amoureux dans les fréquentations et même dans le mariage ne tiennent qu'à quelques caractéristiques souvent d'ordre physique. Amorcer une union conjugale dans de telles dispositions compromet sérieusement les chances d'une satisfaction prolongée. Si l'affection est une attirance ressentie à l'égard d'un partenaire pour certaines de ses caractéristiques, la compatibilité dépend de la mesure où l'importance accordée par l'un des partenaires à l'une de ses propres caractéristiques s'accorde avec l'importance que l'autre reconnaît à cette même caractéristique. Vous réalisez qu'il s'agit bien de deux aspects fort différents dont il importe d'être conscient pour entreprendre une vie à deux. Par ailleurs, la compatibilité et l'affection sont deux dimensions complémentaires de la relation interpersonnelle. En effet, si l'attirance éprouvée pour une personne est complétée par une bonne compatibilité, nous sommes en présence des deux ingrédients fondamentaux à la réussite de l'union conjugale. Si par ailleurs vous éprouvez une attirance physique pour quelqu'un alors que votre compatibilité avec lui est faible, vous qualifierez néanmoins votre relation d'amoureuse. Il se peut également que vous constatiez qu'il existe une forte compatibilité entre vous et une autre personne à l'égard de qui cependant vous n'éprouvez que peu d'attirance ou d'affection. Une union dans un tel cas serait qualifiée de mariage de raison. En dépit de son apparente froideur, une telle union aurait beaucoup plus de chance de succès, cependant, qu'une union strictement basée sur l'attirance. Pour utiliser une comparaison simple, disons que votre goût pour le golf ne fait pas de vous un habile golfeur. Les dispositions naturelles dont vous pourriez par ailleurs faire montre en jouant au golf ne garantiront pas non plus une attirance pour ce sport même si, dans ce second cas, vos performances seraient probablement meilleures. Les meilleures chances de succès accompagnent la somme des deux éléments: l'attrait et le talent pour le sport, l'attrait et la compatibilité pour le mariage.

Si nous reconnaissons que la conjonction de l'affection et de la compatibilité représente la meilleure combinaison d'une réussite conjugale, elle n'est cependant pas toujours facilement réalisable. Nous ne disposons pas d'un demi-siècle devant nous pour arriver à trouver un partenaire qui offrira cette combinaison idéale.

Que faire alors pour accentuer la compatibilité lorsqu'elle est déficiente et que l'attrait est fort? Il semble réaliste de s'attendre d'abord à un certain degré d'incompatibilité, la compatibilité parfaite étant inaccessible. Le bonheur réside dans le juste équilibre entre les désirs et les réalisations. S'en tenir à des désirs raisonnables sans tomber dans l'extravagance n'entraînera que peu de déceptions. Une habitude précieuse à acquérir d'abord consisterait à combattre ses propres préjugés à l'égard du conjoint plutôt que les goûts de ce conjoint. Un goût peut s'acquérir surtout quand il s'agit d'éviter des inconvénients à celui qui le verrait contesté. Si l'on n'y parvient pas, il est utile de faire preuve de tolérance et de compromis. La compensation devient alors la planche de salut de bien des couples. Il est important de reconnaître cependant que la compensation n'apportera de résultats que dans la mesure ou les divergences seront acceptées et Dieu sait si elles sont parfois nombreuses dans un ménage. Lorsque par exemple un homme obèse éprouve une affection considérable pour une femme qui accorde une importance non négligeable à l'apparence physique d'un partenaire, il aura avantage à envisager de perdre du poids pour rendre son physique plus compatible avec les désirs de sa partenaire. Dans le but de mériter et de garder l'affection du conjoint, le partenaire travaillera parfois courageusement à réduire une certaine incompatibilité physique. L'affection mutuelle, l'acceptation réaliste des différences et la recherche honnête de moyens ou de stratégies susceptibles de réduire les incompatibilités pourra contribuer à maintenir et même à augmenter la stabilité de l'union.

Il est avantageux d'envisager le mariage par intérêt d'abord et par amour ensuite, contrairement à la pratique courante. Si des événements importants ont tendance à séparer les futurs conjoints et à faire naître des sentiments opposés, il serait utopique d'envisager un mariage ou de maintenir unis ceux qui le sont déjà. Si les événements rapprochent les conjoints, il serait peu réaliste de les séparer. Il y a donc tout autant de place pour la raison dans le mariage qu'il y en a dans la planification d'une entreprise florissante. Il y a cependant dans le mariage, comme dans les affaires, des impondérables. Se servir de son intelligence augmentera les chances du succès. Le mariage exige le sacrifice de certains intérêts. S'il s'agit d'intérêts vitaux, attention! S'il s'agit d'intérêts secondaires, l'union survivra probablement. Plus je connais ma personnalité, les penchants qui la caractérisent et les frictions qu'elle peut occasionner au conjoint, meilleures sont mes chances de succès. Moins je la connais, plus augmente la probabilité d'échec. N'oublions pas que le mariage ne résout aucun problème. Il ne fait qu'en ajouter un autre là où il y en avait déjà plusieurs. Sommes-nous vraiment préparés à en contrôler le nombre? Si vous avez déjà beaucoup de difficultés à surmonter vos propres préoccupations, il serait sage de réfléchir sérieusement avant de vous engager dans le mariage. N'oublions pas qu'une union fructueuse requiert une bonne dose de respect et de connaissance de soi pour corriger les erreurs commises. Si nous ne possédons pas ce respect et cette connaissance de nous-mêmes, comment pouvons-nous logiquement espérer les acquérir en compagnie d'un conjoint caractérisé par de semblables déficiences? Deux déficiences ne construisent pas une force. C'est à partir d'une bonne dose d'acceptation de soi et de réalisme face à ses limites qu'un être humain peut espérer connaître une vie à deux enrichissante.

Bien sûr, il ne va pas de soi que l'usage de l'intelligence garantisse le bonheur conjugal, mais il est cependant à peu près assuré que sans elle l'échec surviendra tôt ou tard. Si pour des motifs raisonnables le divorce apparaît comme un moindre mal dans la vie, le condamner ne servira certainement pas à le faire disparaître. Il est parfois le seul remède réaliste à l'erreur humaine. Si le stress est la rançon de la technologie moderne, le divorce est peut-être la rançon de la frivolité romantique.

Il importe d'attacher une attention suffisante au choix du conjoint. L'amour comme critère unique pour contracter un mariage est insuffisant. Une cohabitation préconjugale peut réduire les chances d'erreur. Dans ce contexte d'apprentissage de vie à deux, il est sage de s'efforcer de vivre le plus possible d'expériences laissant peu de place au romantisme. La compatibilité s'éprouve par des actes et non par des paroles. L'action est le vrai langage de la compatibilité ou de l'incompatibilité. Il apparaît comme très pertinent d'engager le conjoint dans des situations qu'il cherche précisément à éviter. Le succès d'une union conjugale se mesure à l'accumulation des épreuves de compatibilité et à l'atténuation d'un certain nombre d'incompatibilités.

Compatibilité des rôles

S'engager dans le mariage dans le cadre rigoureux qui nous a été longtemps proposé nécessite pour celui ou celle qui veut le contracter une connaissance précise et une volonté considérable. Est-ce que ceux qui s'y engagent sont conscients des règles du jeu qu'il impose? À mon avis, ils ne le sont pas toujours. C'est là que débutent les ennuis. C'est cette rigueur que la plupart des contractants ne connaissent pas qui a présidé à tant de déceptions et d'échecs.

Un certain individualisme et une bonne dose d'anti-conformisme sont hautement souhaitables dans notre société contemporaine pour aspirer au bonheur dans le mariage. Cet individualisme prendra la forme d'une identification des aspirations propres à chacun des partenaires du couple et de leur respect par l'autre et ce, non par égoïsme comme la tradition l'interprète, mais par simple considération pour l'autre. Quand on aime vraiment quelqu'un, ne cherche-t-on pas à lui faciliter l'accès à ce qui peut le rendre heureux? Ne cherche-t-on pas à connaître les gestes ou les activités qui lui apporteront de l'agrément? Nous ferons nôtres telles préoccupations, d'abord parce qu'elles nous permettent d'éprouver nous-mêmes un intense plaisir à favoriser l'apparition du plaisir chez l'autre. C'est là le véritable sens de l'égoïsme. La distinction importante par rapport à la vision traditionnelle de l'égoïsme repose sur une notion de temps. En effet, l'égoïsme auquel nous somme habitués à penser désigne la recherche d'une satisfaction immédiate au détriment du plaisir de l'autre. Le mari qui cherche à satisfaire rapidement son désir d'éjaculation dans ses rapports sexuels avec sa femme est un exemple classique de ce qu'on qualifiait d'égoïsme. N'étant souvent préoccupé que de ses propres pulsions, il néglige et ignore même souvent la préparation plus longue que requiert l'orgasme féminin. C'est une vision à court terme du plaisir qui correspond davantage aux caractéristiques du plaisir égocentrique. L'égoïste lucide recherchera plutôt les moyens de se procurer à lui-même le maximum de jouissance en faisant durer le plaisir le plus longtemps possible. Pour ce faire, il recourra à la collaboration du partenaire qui peut augmenter son plaisir personnel. Il s'efforcera donc, toujours selon notre exemple, de connaître et de rechercher les gestes et manoeuvres qui procurent du plaisir à sa partenaire dans le but d'augmenter son propre plaisir. Pour y arriver, il sacrifiera son désir d'éjaculation immédiate pour prolonger le rapport sexuel et ainsi augmenter son propre plaisir tout en contribuant au plaisir de sa partenaire. N'éprouvez-vous pas presque autant de plaisir à rêver pendant six mois à la prochaine croisière que vous effectuerez qu'à la réaliser? Il est même possible d'éprouver plus de plaisir à penser à une chose qu'à la faire parce que l'imagination détient le pouvoir merveilleux d'orchestrer à son gré la réalité. Elle peut vous peindre le tableau d'un voyage paradisiaque qui ne comporterait que des instants agréables. Retarder l'accès à un objectif fortement désiré vous le fait apprécier davantage lorsqu'il est atteint, même si entre temps ce retard impose quelque renoncement. Voilà l'enjeu du véritable égoïsme, celui de se réserver à long terme un plaisir plus grand.

Compatibilité des philosophies d'éducation

Une philosophie qui promulgue l'autonomie de la personne contribuera, dans l'éducation des enfants, à atténuer le "besoin" d'attachement et fournira à ces derniers de nombreuses occasions d'organiser leur vie. Le respect mutuel des conjoints face à leurs désirs respectifs d'épanouissement se transmettra de façon naturelle aux enfants qu'ils mettront au monde. Conscients des dangers qui guettent l'enfant qui expérimente, ils interviendront à tour de rôle lorsque celui-ci courra des dangers sérieux. Respectueusement attentifs à l'expérience du conjoint, ils favoriseront un respect similaire face à la curiosité et au désir de connaître de l'enfant. De la même manière qu'ils organisent leur propre vie d'une façon autonome, ils multiplieront pour leurs enfants les occasions d'organiser, au fur et à mesure de leur développement, leur propre vie selon leurs propres désirs. Une telle philosophie fera comprendre aux enfants que l'affection des parents est agréable mais non indispensable, et aux parents que l'affection des enfants est précieuse sans être requise pour leur propre épanouissement. Les enfants comme les parents découvriront qu'il leur est possible de se procurer affection et considération en dehors des liens familiaux. Je me souviendrai longtemps de la réaction de la petite Marie-Ève, huit ans, en vacances avec ses parents, qui, à l'occasion d'un séjour d'une semaine sur une plage des États-Unis, avait noué des liens d'amitié avec des enfants de son âge: Chantal et Johanne. Quand vint le temps de la séparation après une semaine de chaleureuse camaraderie, Marie-Ève s'est fait un devoir d'aller saluer ses deux camarades avant de partir. En apercevant Marie-Ève, Chantal et Johanne se sont mises à pleurer spontanément en refusant d'admettre qu'elles devaient se séparer. Et Marie-Ève de leur répondre: "J'ai de la peine moi aussi de vous laisser, mais je me console lorsque je pense aux amies qui m'attendent chez moi. J'espère que vous autres aussi vous avez des amies qui vous attendent." Sans en être consciente, Marie-Ève fournissait à ses amies une leçon d'autonomie et les invitait à multiplier les amitiés afin de rendre moins pénible la privation d'une relation agréable. Loin d'être toujours une occasion de rapprochement, l'éducation des enfants est souvent une occasion d'affrontements entre conjoints qui ne partagent pas la même philosophie. Si le père préconise, par exemple, des attitudes surprotectrices à l'endroit des enfants en voulant régler à leur place les problèmes auxquels ils font face, en cherchant à leur épargner les conséquences désagréables résultant de maladresses ou d'erreurs, alors que la mère s'efforce au contraire de leur multiplier les occasions d'innover et de tenter de nouvelles expériences, il est fatal que des philosophies d'éducation si peu compatibles ne réussissent pas à coexister dans le même foyer sans se heurter. Il est dès lors préférable de constater les divergences de vue avant plutôt qu'après la naissance des enfants.

Compatibilité professionnelle

Trop de mariages sont contractés sans égard à la compatibilité professionnelle. Pour des individus ambitieux, la carrière professionnelle laisse parfois peu de place à l'épanouissement conjugal. En conséquence, il serait raisonnable d'envisager l'éventualité du célibat ou de reporter à plus tard une union conjugale difficilement compatible avec des études prolongées. À moins d'être très conscients et prêts à en accepter les frustrations, les partenaires d'un tel mariage risquent la faillite. La jeune femme est la première victime de ce type d'union parce qu'elle est laissée pour compte plus souvent qu'autrement. Si elle n'a pas prévu cette éventualité, elle trouvera probablement le temps long, cherchera avec hostilité à le faire admettre à son mari qu'elle ne réussira qu'à éloigner davantage. Son mari, n'appréciant guère la mauvaise humeur qui caractérise les rares moments d'intimité qui leur restent, préférera les consacrer à la lecture. Une telle union a plus de chances de succès si la jeune fille poursuit elle-même des études et s'intéresse elle aussi au domaine professionnel. Chacun peut ainsi plus facilement satisfaire ses intérêts primordiaux quitte à transformer en lune de miel les rares occasions d'intimité.

Si, en plus d'avoir une femme peu avertie, l'étudiant engagé dans des études poussées, ou l'homme d'affaires à la tête d'importants conseils d'administration, se retrouve en position de soutien de famille avec une femme et deux enfants, il aurait probablement eu avantage à ne pas se marier. Quelle place peut-il raisonnablement réserver à une épouse et à deux enfants? Si par ailleurs les conjoints consentent à cette situation, il est primordial qu'ils en aient envisagé l'éventualité, mesuré la portée et accepté les nombreux inconvénients. Que de fois n'avez-vous pas été les témoins impuissants, dans votre entourage, de cette incompatibilité d'intérêts des conjoints? Rappelez-vous cet homme, membre actif d'une ou deux chambres de métiers, fort engagé dans sa carrière professionnelle et amateur invétéré de golf, dont l'épouse rêvait d'une vie sociale plus modeste, comptait sur la présence quotidienne de son mari le soir après souper et envisageait une activité familiale régulière de plein air durant l'été. Une telle incompatibilité d'aspirations familiales et professionnelles engendre souvent à elle seule la dislocation de l'union conjugale. Il vaut donc la peine d'être vigilant à cet égard. Sans faire de la compatibilité une obsession dévorante qui vous éloignerait des candidatures intéressantes, il vaut mieux lui accorder la première place si vous nourrissez le désir de réussir votre mariage. D'autres aspects sont à considérer avec la même attention dans cette recherche de compatibilité: les aspirations affectives de chacun face à l'autre, l'autonomie et l'indépendance des conjoints, la rareté des rencontres intimes prolongées, la perspective d'une ou de plusieurs naissances, les ambitions sociales et la compatibilité des valeurs.

Compatibilité des types sexuels

La compatibilité des types sexuels mérite une attention toute particulière. C'est en effet parce que la recherche scientifique a démontré que le défaut d'une telle compatibilité se situe au tout premier rang des motifs de divorce qu'il ne me semble pas superflu d'y apporter un intérêt spécial. Vous aurez peut-être vous-même constaté au début de votre mariage une certaine incompatibilité sexuelle qui vous aura occasionné au moins des ennuis. Afin d'apporter quelques éclaircissements sur les divers types d'amour, je me permettrai de m'inspirer des grandes caractéristiques que leur prête Lucien Auger dans son volume: *L'amour, de l'exigence à la préférence(1)*. Je ne m'attarderai pas à savoir si l'amour ressenti est vrai ou non puisque tout amour est vrai dès qu'une personne éprouve du plaisir à la pensée ou en présence d'une autre personne. Mon attention se portera plutôt sur les diverses manifestations ou gestes de deux personnes qui s'aiment. Ces gestes sont plus ou moins compatibles les uns avec les autres; il importe que ceux et celles qui veulent réussir leur mariage en soient conscients afin de réduire les possibilités d'erreur ou d'illusion.

a) L'amour érotique

Jacques est particulièrement sensible à la beauté physique des jeunes filles qu'il rencontre. Dès qu'il aperçoit l'une d'elles dont la taille, le tour de poitrine et l'élégance des hanches correspondent à ses critères de beauté, il ressent immédiatement une vive attirance. Il éprouve ce qu'on appelle le coup de foudre. Il ne perd donc pas de temps à de longues et romantiques rencontres affectueuses. Le contact sexuel est son objectif primordial. Il cherche à vérifier si l'harmonie corporelle de sa partenaire correspond bien à son idéal de la beauté physique. Si l'ensemble du physique de la jeune fille ne se révèle pas à la hauteur de l'idéal anticipé, Jacques est déçu et voit son ardeur diminuer. Même si sa partenaire possède par ailleurs des qualités intellectuelles et émotives exceptionnelles, il y reste presque insensible. Il ne recherche que l'intimité physique, exclusive et approfondie. Il est donc méfiant lorsqu'on lui propose une partouze ou une union plus ouverte. Il n'est pas préoccupé par le "besoin" d'être aimé. Heureusement que Jacques jouit d'un bon équilibre psychologique: ce type d'amour exige une bonne dose d'assurance personnelle pour demeurer stable. Il en est de même pour sa partenaire. Si au contraire ces partenaires sont hésitantes, faibles et enclines à douter d'elles-mêmes, c'est vers la jalousie maladive qu'elles glisseront. Du fait que l'intérêt est pratiquement limité au domaine physique, ce type d'amour risque d'être éphémère en dépit de son intensité. Pour le maintenir, Jacques devra l'alimenter régulièrement de toute l'ingéniosité dont il est capable; autrement c'est la routine et l'indifférence, les autres caractéristiques de sa partenaire ne l'intéressant guère. Pour être satisfaisant, ce type d'amour doit être réciproque, sinon c'est la rupture à brève échéance.

b) L'amour ludique

L'amour ludique, comme son nom l'indique, est un jeu, une sorte de sport. La littérature romantique et le cinéma l'ont cristallisé dans la personnalité du Don Juan mâle. Il est pratiqué en fait autant par la femme que par l'homme. Comme vous l'avez probablement remarqué dans de tels livres ou films, ce type d'amour se caractérise par son caractère superficiel. Le Don Juan multiplie les galanteries et les attentions affectueuses auprès de plusieurs partenaires qu'il courtise simultanément. L'amour est pour lui — ou pour elle — un agréable passe-temps qui ne lui procure que des agréments étant donné qu'il ou elle refuse de devenir dépendant(e) ou de laisser la relation devenir trop intime. Le Don Juan ne se révèle pas mais se cache, ce qui a fait dire à la psychanalyse entre autres qu'il s'agit d'un être peureux, craignant d'être perçu tel qu'il est. C'est probablement l'une des raisons pour lesquelles ce type d'amour a acquis une si mauvaise réputation. Une autre raison de sa piètre renommée est qu'il va à l'encontre de l'amour maniaque, si longtemps choyé par la littérature romantique à cause sans doute de son caractère passionnel.

Lorsqu'il joue à l'amoureux, le Don Juan butine d'une conquête à l'autre. Il interrompt une relation lorsqu'elle devient sans intérêt, trop sérieuse ou compromettante pour lui, avec la même élégance qu'il l'a nouée. Ce type d'amour place son adepte dans une position particulièrement favorable à la tricherie puisqu'un partenaire peu averti et recherchant un autre type d'amour, comme l'amour amical par exemple, se laissera séduire par son habile galanterie et par son élégance. Pour que le jeu soit plaisant et inoffensif, il suppose un bon degré de conscience et une pleine connaissance des règles du jeu dont la principale consiste à butiner élégamment d'une conquête à l'autre. Comme dans le cas de l'amour érotique, l'amour ludique recherche le plaisir immédiat, superficiel et temporaire. Pour être agréable, il exigera une bonne dose d'assurance et de contrôle des sentiments afin d'éviter la passion. Ce type d'amour exclut la jalousie et la possessivité. Il est donc incompatible avec l'amour érotique, amical ou maniaque pour lequel l'amour n'est pas un jeu.

c) L'amour amical

L'amour amical se caractérise par sa stabilité et sa sérénité. Il apparaît à un moment où la relation est déjà engagée depuis un certain temps entre les partenaires, et ce sans que l'on puisse situer précisément cette apparition, contrairement à l'amour érotique ou ludique. Les sentiments qui le caractérisent sont profonds et discrets plutôt qu'intenses — comme c'est le cas dans l'amour érotique — et détachés — comme dans l'amour ludique. C'est la plupart du temps à l'occasion d'activités simultanées qu'il naît et se développe. Les activités sexuelles ne surviennent qu'après un certain temps puisqu'elles sont considérées comme un moment privilégié, contrairement au cas de l'amour érotique qui en fait un objectif à court terme. Liés à l'origine par l'amitié, les partenaires approfondissent leur relation, et c'est tout naturellement qu'ils aboutissent à la cohabitation. Leur affection ne connaît pas l'extase de l'amour érotique lorsqu'il naît ni son désespoir lorsqu'il est interrompu. C'est la quiétude d'une relation stable et solide.

> "Comme un feu brûlant lentement et régulièrement, il ne dégage ni les flammes ardentes de l'amour érotique, ni les étincelles brillantes mais froides de l'amour ludique, mais plutôt la chaleur douce et stable des braises couvrant sous les cendres." (1 p. 31)

L'amour amical est réservé dans l'expression de ses émotions. Il est discret mais fidèle et sans contrainte, contrairement à l'amour érotique et ludique. Il est peu exigeant et ne craint pas l'infidélité qui ne peut être qu'occasionnelle à cause de son caractère subit et superficiel. L'amour érotique et l'amour ludique ne font pas le poids lorsqu'ils sont confrontés à l'amour amical qui jouit d'une solide préparation. L'amour amical est terne, ennuyeux et banal aux yeux de l'amoureux érotique alors que sa continuité et sa profondeur font peur à l'amoureux ludique qui trouve monotone et dangereuse une telle union. Il arrive souvent, après plusieurs années de mariage, qu'un des partenaires du couple soit anesthésié par l'ardeur soudaine et excitante de l'amour érotique et qu'il sacrifie la profondeur et la stabilité plus discrètes de l'amour amical après avoir résisté à quelques semaines de tension. L'amour amical résiste habituellement à cette quarantaine. Ce genre de rupture subite menace les couples sensibles à l'amour érotique ou maniaque bien plus que les unions amoureuses amicales.

d) L'amour maniaque

L'amoureux maniaque, comme nous le rappelle la littérature romantique, est celui qui est consumé par sa passion amoureuse. Pierre privilégie ce type d'affection. Il proclame, dans ses conversations amicales, qu'il aime au point de ne plus en dormir. Il déclare en perdre l'appétit et se tord de douleur. Il garde l'oeil ouvert, veille férocement à la protection de ses intérêts et n'hésite pas à menacer un éventuel usurpateur. Pierre ne réalise pas que son agitation amoureuse provient en fait d'un profond manque de confiance en lui-même et se persuade que seul l'amour sincère et fidèle de sa partenaire proclamera sa valeur comme personne, amour sans lequel il n'est rien. Il est convaincu que sa médiocrité l'empêchera d'être aimé et que, s'il venait à l'être, il lui faudrait désespérément protéger cette affection. Il se débat dans un dilemme sans issue comme le chat qui s'épuise à courir après sa queue. Vous aurez compris que Pierre aime d'une façon névrotique. Craignant de perdre l'objet de son affection, il l'étouffe littéralement par ses exigences.

Parce qu'il veut fuir son mépris envers lui-même, il s'élance, à travers mers et mondes, à la conquête d'une partenaire.

Son ardeur maladive le pousse à poser des gestes exagérés et inappropriés pour atteindre son but. Pierre est conscient de son ardeur, mais il se dit incapable de faire autrement. L'antiquité qualifiait ce type d'affection "d'amour fou"; en effet celui ou celle qui l'entretient est comparable à un psychosé. Se croyant pauvre et démuni, Pierre se précipite, avec l'inconvenance de l'affamé se ruant sur une table bien garnie, sur la partenaire qu'il a choisie. Obsédé par la hantise de voir sa conquête lui échapper, il est sujet aux crises de jalousie, aux promesses de repentir et aux serments de fidélité éternelle.

Vous avez probablement connu des personnes comme Pierre qui recherchent ce genre d'amour, genre incompatible avec tous les autres types d'amour décrits jusqu'ici. Seule la curiosité de l'amoureux érotique peut être séduite par l'ardeur de l'amoureux maniaque mais celui-là a tôt fait de renoncer à l'exigence de fidélité de celui-ci. L'amoureux ludique ne tolère pas cette exigence d'exclusivité et répugne à la jalousie. Quant à l'amoureux amical, il décèlera rapidement l'agitation de l'amoureux maniaque qu'il préférera laisser à son désespoir. À cause de son intense "besoin" d'affection et qu'il est prêt à payer le gros prix, Pierre ou l'amoureux maniaque est vulnérable et sujet à être exploité. Quel dommage que ce type d'amour ait été si longtemps présenté comme l'image du grand amour, comme le seul véritable ambassadeur de l'amour humain!

e) L'amour pragmatique

Vous connaissez peut-être cette vieille boutade du cultivateur qui cherche une épouse et qui publie une annonce dans le journal qui se lirait comme suit: "*Homme cultivateur, de belle apparence recherchant femme physiquement attrayante, propriétaire d'un tracteur. Prière d'envoyer photo du tracteur.*" Cette boutade caricature à peine les préoccupations de l'amoureux pragmatique qui recherche le maximum d'avantages à son union et le minimum d'inconvénients. Il a bien en tête la liste des caractéristiques qu'il recherche chez la partenaire dont les atouts doivent correspondre assez fidèlement à ses goûts, intérêts, classe sociale, convictions religieuses,etc. Pour atteindre son but, ce type d'amoureux s'engage dans une sorte de lobbying qui consiste à pratiquer des activités qui servent de prétexte à son exploration. Plus que l'âme sœur il recherche une personnalité de l'autre sexe qui représente jusqu'à un certain point le partenaire jumeau. Dès qu'il l'aura trouvé, il abandonnera souvent les activités qui ne représentent qu'un intérêt secondaire. Si, croyant trouver la personnalité jumelle, il constate qu'il s'est trompé, il rompt tout simplement sans autre avertissement. Il est clair que si ses désirs de gémellité sont considérables, il risque de chercher longtemps.

Ce type d'amour correspond en fait au mariage de raison que le romantisme a tant décrié à cause de l'apport presque primordial de la raison et de l'absence apparente de sentiment. L'impression qu'il suscite est souvent terne. Ce n'est que progressivement que les partenaires d'un tel couple apprennent à s'affectionner, parfois longtemps après avoir entrepris cette démarche insipide. Si, pour reprendre l'analogie qu'utilise Auger, "l'amour érotique est un feu brûlant à grandes flammes, l'amour ludique un feu de branchages qui brûle rapidement sans dégager beaucoup de chaleur, l'amour d'amitié des braises ardentes qui se consument lentement et sans éclat, l'amour maniaque un incendie de forêt qui brûle celui qui l'a allumé, l'amour pragmatique est ce feu qui naît de quelques étincelles produisant une petite flamme qui grandit et qui finit par dégager chaleur et lumière (1, p. 34)."

f) L'amour altruiste

Ce type d'amour a été presque exclusivement décrit par les théologiens ou philosophes religieux. Il a été présenté comme un amour essentiellement orienté vers le bien de l'autre sans aucune reconnaissance souhaitée en retour. Il s'agit notamment de l'amour désintéressé et gratuit que porterait un Dieu à ses créatures. À une échelle plus humaine, on pourrait peut-être dire que c'est un peu le type d'amour fort peu intéressé qu'entretient un roi à l'endroit de son peuple, amour qui ne lui procure que peu de satisfaction. Envisagé dans son sens premier, c'est-à-dire comme amour gratuit qui n'attend rien en retour, l'amour altruiste n'est pas accessible à l'être humain si l'on part du principe que le dynamisme fondamental de l'homme tire son énergie de la recherche du plaisir. Si l'individu recherche son plaisir, même à long terme, cet amour n'est donc plus altruiste, mais nettement intéressé. L'amour altruiste n'est donc pas accessible à l'être humain même temporairement. Si nous l'affichons comme le seul valable et l'unique représentant de l'amour véritable, nous contribuerons au développement de sentiments de culpabilité chez tous les humains qui exigeraient de le pratiquer et nous en exposerions d'autres à la névrose s'ils se laissaient aller à aimer d'une façon tout simplement humaine, c'est-à-dire, intéressée. L'amoureux altruiste épouse, pourrait-on dire, des causes sociales en préférant le bien-être de ses semblables à l'affection ou aux caractéristiques particulières d'une personne désignée. Il recherche l'épanouissement de la collectivité.

Certes, nous pourrions dégager de ces types d'amour des sous-catégories plus précises. Je crois néanmoins qu'ils sont suffisamment explicités pour permettre à chacun de tracer son propre portrait. Il va de soi que chacun de ces types d'amour n'existe pas à l'état pur et que nous les retrouverons probablement tous chez la majorité des êtres humains à un moment ou l'autre de leur existence, parfois même simultanément, et dans des proportions variables à l'égard de diverses personnes. L'être vivant étant fondamentalement changeant, il n'y a pas lieu de croire que l'amour qu'il éprouve demeure invariable toute sa vie. Tous les types d'amour décrits ici ne se prêtent évidemment pas à cette pluralité. Il est probable par exemple qu'au moment où il expérimente un amour maniaque, l'être humain ne pourra pas au même moment s'adonner à l'amour érotique ou ludique avec plusieurs partenaires, à cause justement de leurs caractéristiques incompatibles. D'autres types, par contre, sont concevables simultanément. Un homme ou une femme, par exemple, pourra aimer son conjoint d'un amour amical et s'adonner momentanément et simultanément à un amour érotique ou ludique avec un autre partenaire. Tous ces types d'amour sont vrais même s'ils sont différents. Les préjugés sociaux ne facilitent évidemment pas l'apprentissage simultané de ces divers types d'amour, d'où l'hésitation de certaines personnes à s'engager dans le mariage. La connaissance des principales caractéristiques de chaque type importe cependant lorsque deux personnes projettent de vivre ensemble. Il est important que chaque conjoint puisse, au moins en gros, identifier le type d'amour qu'il éprouve pour le partenaire et identifier celui que ce dernier ressent à son endroit. C'est en connaissant bien le type d'amour recherché par chacun qu'il sera possible aux partenaires de mesurer lucidement le degré de compatibilité de leur type d'attachement. Une analyse pourrait mettre en lumière des incompatibilités importantes, difficiles à aplanir et sur lesquelles il serait risqué de bâtir une union stable. La conclusion d'une telle analyse pourrait amplement suffire à rompre la relation, la preuve ayant été faite qu'un mariage dans ces conditions est hautement périlleux, à moins que les autres aspects importants de la vie à deux soient largement compatibles. Retarder la rupture ne contribuerait qu'à rendre plus pénible la décision à prendre et plus risquée la tentation de passer outre à ces considérations rationnelles. C'est pour favoriser la permanence de l'attachement amoureux qu'il importe justement de s'arrêter à la considération objective d'éléments qui ne tarderont pas à se manifester dans la vie quotidienne. Ne se préoccuper que des instants chaleureux mais éphémères que procurent les fréquentations amoureuses ne contribuera pas à faire disparaître les divergences. Or, ce sont elles qui menacent l'attachement pourtant si important, de l'aveu même de ceux qui le recherchent. Introduire ce sens critique dans les fréquentations n'a pas pour but de les affadir; au contraire, il contribuera peut-être à en améliorer la qualité. Craindre l'analyse critique d'un lien affectif accuse la fragilité de ce lien. Lorsque les deux associés auront ainsi fait le tour de leurs intérêts respectifs et en auront mesuré la compatibilité, à ce moment-là ils pourront décider de façon plus éclairée de marier leurs aspirations.

Comme l'entreprise, le mariage poursuit deux objectifs latents ainsi que l'a montré Ellis. Le premier de ces objectifs réside dans l'assouvissement sexuel régulier(4). Pour assurer la régularité de la satisfaction sexuelle qu'entend retirer chaque partenaire, la connaissance des objectifs respectifs de chaque type d'amour avec son expression sexuelle spécifique sera fort importante. Comment envisager un assouvissement régulier si les attentes respectives divergent ou s'opposent? Ainsi lorsque Gaston recherche avidement la collaboration de Louise pour pratiquer le coït buccal ou le 69, pour fréquenter un camp de nudistes ou pour expérimenter l'échangisme, alors que Louise éprouve des haut-le-coeur à la pensée de pratiquer le sexe oral, exprime sa profonde répugnance pour le 69, se couvre de honte à s'imaginer déambuler à poil dans la nature ou menace de divorcer dans l'éventualité où Gaston l'entraînerait à son insu dans un "party" de "swingers", leurs perspectives d'assouvissements sexuels ne semblent guère compatibles. Il vaudrait mieux qu'ils en soient informés avant d'unir leurs destinées.

Le second objectif du mariage consiste à éprouver les joies de la sécurité, de l'intimité et de l'affection. Si la recherche de sécurité, d'intimité et d'affection est presque indispensable à l'union heureuse, transformer ces objectifs en exigences rigoureuses et absolues ne peut qu'entraîner des comportements illogiques, perturbateurs et mener à une union houleuse et décevante. Prendriez-vous l'engagement de consacrer toute votre vie active à une seule activité professionnelle au mépris des autres pour prouver votre attachement à cette carrière? Pourquoi le feriez-vous dans votre vie conjugale? La vision romantique faisant de l'amour l'objectif primordial du mariage est sans doute poétique mais elle sera rapidement dépouillée de son angélisme lorsque les conjoints auront réalisé, après la lune de miel, qu'elle n'appartient qu'aux contes de fée. Associer deux existences dans le but mûrement consenti et lucidement analysé de travailler à faire fructifier leurs intérêts personnels et communs comporte beaucoup plus de chances de succès.

Vous aurez probablement compris qu'une union réussie se fonde sur deux aspects importants: la raison et l'affection, dimensions complémentaires contrairement à la tradition qui a voulu les opposer. Ces deux éléments rendent possible la réussite d'une vie à deux et le plaisir d'être ensemble. Chaque couple n'a donc pas à choisir entre un mariage de raison ou un mariage de coeur; il doit plutôt envisager l'éventualité de réconcilier le coeur et la raison dans un attachement compatible et affectueux.

Chapitre IV

Bâtir la compétence conjugale

Si l'on admet que l'entreprise familiale est une organisation au même titre que n'importe quel autre type d'entreprise, n'y aurait-il pas lieu de la voir s'inspirer des principes qui en assurent la gestion adéquate? S'il est clair que la raison a un rôle avantageux à jouer dans l'édification d'un mariage réussi, quelle place les mouvements de préparation au mariage s'efforcent-ils de lui réserver dans leurs objectifs?

N'y aurait-il pas moyen d'éviter certains divorces en apportant un éclairage rationnel aux réflexions des partenaires qui songent à une préparation réaliste de leur mariage? C'est à ces questions que je vais maintenant tenter d'apporter quelques réponses.

Le mariage, une entreprise

Je veux bien admettre que deux êtres humains se rencontrent un jour et se plaisent, mais ce seul motif invoqué pour fonder un foyer m'apparaît insuffisant. Le mariage est-il l'objectif de l'amour? Que se passe-t-il lorsque des gens d'affaires se rencontrent pour la première fois? Là comme dans tout autre contact humain, il y a une période d'acclimatation et de réchauffement de l'atmosphère où l'on parle de tout sauf d'affaires. Lorsque le climat est favorable et que la confiance règne, chacun oriente graduellement l'échange vers ses véritables préoccupations. Si les interlocuteurs exercent leur activité dans des secteurs qui présentent certaines affinités, ils procéderont à des échanges de vues sur leurs objectifs respectifs, sur les modalités opérationnelles de leurs entreprises, sur les problèmes de personnel, de mise en marché, d'écoulement de production, etc.

Ne serait-il pas concevable d'envisager le mariage dans une perspective semblable lorsque deux partenaires, après avoir savouré les plaisirs de la conquête affective et sexuelle, envisagent sérieusement une consécration officielle. Ils pourraient ainsi jeter les bases de leur future association en dressant systématiquement le bilan de leurs objectifs plutôt que de prendre pour acquis que leur seul désir de vivre ensemble aplanira les difficultés ou harmonisera les incompatibilités.

Loin d'être romantique, le fait que deux partenaires précisent avec une certaine dose de réalisme les objectifs qu'ils poursuivent individuellement en se mariant nécessite au contraire un sens pratique peu commun. Les objectifs que chacun poursuit tiendront compte de la formation que chacun a reçue. Il est possible, en effet, qu'un partenaire plus scolarisé n'ait pas les mêmes ambitions professionnelles que l'autre. Si Louise épouse un médecin, elle devra s'attendre par exemple à ce que son conjoint soit fréquemment absent le soir. Si elle n'a pas envisagé cet aspect de leur vie à deux, leur union risque des affrontements. Si, d'autre part, leurs objectifs de vie à deux se fondent sur une philosophie du développement axé, pour l'un, sur l'autonomie et la personne, et pour l'autre, sur une dépendance mutuelle, il est à prévoir qu'une telle divergence créera des frictions. Les objectifs que poursuivent les conjoints tiendront compte également de leurs désirs respectifs de mettre des enfants au monde ou non, de même que du nombre d'enfants que chacun souhaite. Il y aura inévitablement des conflits dans l'établissement des objectifs si l'un veut avoir des enfants alors que l'autre s'y oppose. Comment, somme toute, est-il possible de construire une entreprise conjugale solide si ces trois grandes orientations ne sont pas précisées quand vient le temps d'élaborer des projets conjugaux?

Si des objectifs communs sont primordiaux à la vie de couple, les moyens de les atteindre peuvent varier d'un partenaire à l'autre. L'analyse de l'efficacité des moyens d'atteindre l'objectif est donc une étape importante dans la gestion de l'entreprise conjugale. Lorsque, par exemple, vous songez sérieusement à faire de la voile pour meubler vos moments de loisirs pendant la belle saison, ne vaut-il pas la peine de vous demander si ce moyen vous procurera l'agrément que vous souhaitez en retirer? Très souvent, en pareille circonstance, nous avons tendance à agir un peu rapidement: "Allons louer un dériveur en fin de semaine et si nous aimons ça, nous nous procurerons un voilier de plus grande taille." Expérience faite, tout le monde est enchanté et fait des pressions sur papa pour qu'il achète le dernier cri en matière de bateau à voile. L'évaluation, dans ce cas-ci, apparaît un peu rapide puisque l'expérience s'est limitée à un essai dans des conditions favorables: expérience de quelques heures par un bel après-midi ensoleillé sur un lac calme. Reposant sur une évaluation aussi incomplète, voilà que naît le désir de se procurer immédiatement un voilier. Une analyse plus profonde de la question conduirait plutôt, avant de se lancer dans un tel projet, à faire la location d'un voilier et à envisager une croisière d'une semaine sur un lac agité, par mauvais temps. Chacun des membres de la famille ou du couple serait en mesure de mieux mesurer son attrait pour ce sport. Un voyage d'une semaine dans des conditions parfois difficiles — fraîcheur, pluie, vagues de quatre pieds, cabine exiguë — contribuera peut-être à nuancer les opinions et tempérera les ardeurs. Chacun prendra ainsi le recul suffisant pour décider avec lucidité d'acheter ou non un voilier. Une entreprise conjugale est un projet de longue durée. En mesurer les incidences et en faire l'expérience apparaît un moyen précieux d'en évaluer le bien-fondé. Dans le premier exemple, et a fortiori dans le second, l'expérimentation permettra peut-être d'envisager un autre moyen d'arriver au but. Elle aura permis ainsi d'éviter de commettre une erreur dont les conséquences sont souvent beaucoup plus difficiles à assumer qu'une trop prompte évaluation ne permettait de le croire. Il peut être passionnant d'envisager une vie à deux lorsqu'on s'arrête aux nombreux plaisirs qu'elle peut procurer. Envisager les fréquentes frustrations qui ne manqueront pas de surgir tempérera un tel enthousiasme. Si le mariage apparaît comme le moyen que la majorité a choisi pour être heureux, il ne faudrait pas conclure qu'il est le seul. En connaître les rouages et les utiliser adéquatement aidera les conjoints à atteindre leurs objectifs et décuplera leur énergie. Comme l'entreprise, le mariage ne s'épanouira que si les deux associés en retirent des bénéfices suffisants.

Préparation au mariage

Quand on analyse avec un peu de réalisme ce qui se fait de nos jours pour préparer adéquatement les jeunes adultes à vivre à deux, le bilan est mince. L'évolution technologique et le bien-être matériel ont réalisé des progrès prodigieux. Qu'avons-nous fait d'autre en faveur du bien-être psychologique de la cellule familiale que d'instaurer des programmes d'assistance sociale, lui fournir des allocations mensuelles et lui faire bénéficier de certains programmes de médecine préventive? L'éducation à la vie conjugale dépend encore largement de la bonne volonté des parents, ceux-ci n'ayant souvent pour tout bagage qu'une bonne dose d'expérience faite de tâtonnements, d'hésitations, de maladresses et heureusement de quelques succès. Troublés parfois par les questions pertinentes de leurs adolescents à la veille d'être confrontés à leur tour à cette réalité, ils leur répondent avec la sagesse de leur âge. L'expérience ne règle pas tout et se révèle souvent plus douloureuse qu'utile. Ce n'est que depuis quelques années à peine que les systèmes scolaires les plus progressistes ont implanté des programmes d'éducation sexuelle dès l'élémentaire, et ce après des années de discussions souvent laborieuses. C'est à pas de tortue que croît le développement humain. Ce paradoxe de l'évolution nous amène à constater un décalage quasi insurmontable entre le bien-être matériel et le bien-être intérieur. Nous sommes sur le point d'être les témoins des premières lunes de miel spatiales alors que nous lésinons encore sur l'implantation d'une éducation sexuelle décente dans nos écoles. Il n'est pas étonnant dès lors que certains parents éprouvent encore de l'anxiété chaque fois qu'ils assistent à l'inoffensif spectacle d'un enfant de quatre ans explorant avec intérêt l'intérieur de la culotte de sa petite voisine. Nos parents, héritiers de l'ignorance et des préjugés de leurs propres parents, transmettent encore de nos jours des informations sexuelles fantaisistes. Quelle éducation sexuelle peuvent alors acquérir nos enfants? Il reste la ruelle, les revues pornographiques et les histoires grivoises. Seuls quelques pionniers ont jusqu'à maintenant osé relever le défi et amorcent une sensibilisation à l'importance de l'éducation sexuelle.

C'est probablement à cause de ces lacunes que de plus en plus de gens accueillent avec empressement les sexologues qui s'acharnent à démolir tous les tabous sexuels qui ont si longtemps hanté les chambres nuptiales. Ne trouvez-vous pas paradoxal qu'une telle importance ait été accordée jusqu'ici à l'apprentissage des mathématiques, du français, de la littérature et des sciences de la nature, alors que la majorité d'entre nous serions incapables de réussir de nouveau les derniers examens académiques auxquels nous avons été soumis en ces matières? S'il est un secteur de l'activité humaine avec lequel nous sommes aux prises tous les jours de notre vie, n'est-ce pas la sexualité? Voilà un champ dont les connaissances risqueraient beaucoup moins d'être reléguées aux oubliettes et dont l'accessibilité et la diffusion permettraient peut-être d'éviter des erreurs graves. À quoi sert à l'homme de connaître l'Univers, s'il connaît à peine les leviers de sa propre sexualité? Ce sous-développement coûte cher en erreurs et en conséquences psychologiques. Il est temps que l'éducation publique accorde au développement personnel au moins autant d'importance qu'au développement technologique.

Moins menaçant peut-être que le développement sexuel, le développement affectif retient l'attention d'une proportion croissante des autorités et des professionnels du monde scolaire. Les premiers pas en ce domaine remontent à une décennie à peine: des enseignants se sont intéressés à la dimension affective qui les unit inévitablement à leurs élèves. Il est encourageant de constater qu'un nombre croissant d'entre eux, à l'élémentaire surtout, se préoccupent de l'efficacité de leurs rapports interpersonnels avec ces enfants. De plus en plus de parents également découvrent l'importance des liens étroits existant entre la qualité de la communication et celle du développement psychologique de leurs enfants. En dépit, cependant, de l'intérêt croissant qu'il suscite, le développement affectif demeure dans le monde de l'éducation une préoccupation très secondaire. Il ne semble pas encore évident, pour la majorité en tout cas, que le développement serein de l'émotivité entraîne des conséquences directes sur le comportement social ou professionnel de l'être humain. C'est pourtant un champ d'apprentissage qui pourrait être fort utile aux enfants et adolescents qui, une fois sortis de l'école, continuent d'avoir des rapports avec leurs semblables sans vraiment comprendre les lois qui régissent ces rapports. Nous sommes en plein paradoxe: une personne instruite peut entretenir son auditoire pendant des heures sur les derniers raffinements de la médecine nucléaire alors qu'elle n'arrive pas à comprendre les mécanismes qui président à l'éclosion des émotions que vivent son épouse et ses enfants. Quand rétablirons-nous l'équilibre qui permettra à de jeunes adultes d'espérer fonder une entreprise conjugale compétente? Depuis quelques décennies maintenant, c'est presque exclusivement l'Église qui s'est donnée comme mission de mieux préparer les jeunes couples croyants à vivre à deux. Voyons comment elle se tire d'affaire.

L'Église vient à la rescousse

Il est un peu étonnant que l'Église seule se soit préoccupée de la préparation au mariage des futurs couples. Peut-être est-ce à cause de sa vocation altruiste, de sa sensibilité à la souffrance humaine ou à cause du mutisme de l'État devant ce problème. Quoi qu'il en soit, elle s'est engagée depuis plusieurs années à offrir à des couples catholiques la possibilité de se préparer à vivre à deux. Que ce soit par les cours de préparation au mariage, par des mouvements comme *Engaged encounter (Rencontres-fiancés), Marriage encounter, Cursillo, R3, Teen encounter*, elle a exercé une influence non négligeable. Quelle est la nature de l'aide qu'elle apporte à ces couples?

Les fins de semaines de *Rencontres-fiancés* (*Engaged encounter*) accordent une grande importance à des dimensions psychologiques capitales dans la vie à deux. On y fait allusion, entre autres, à quelques-unes des conséquences de l'incompatibilité des goûts, des intérêts et des aspirations. Des exercices sont proposés pour aider un couple à identifier certains de ces éléments. L'inventaire des préoccupations conjugales est relativement complet et permet au couple de réfléchir sur les grandes questions qui se posent dans un engagement conjugal. La contribution la plus notable de ces rencontres me semble être d'avoir mis l'accent sur l'apprentissage des échanges émotifs, clé de voûte de la compréhension humaine. C'est de loin l'apport le plus utile fourni aux couples dans ces sessions. Les non croyants et non pratiquants doivent s'attendre par ailleurs à se voir proposer des réflexions qui s'inspirent exclusivement du catholicisme; toute une terminologie recouvre un certain nombre de concepts dont les fondements objectifs ne sont pas souvent démontrables. En conséquence, un certain nombre de suggestions, souvent fort judicieuses, comme le mariage à l'essai par exemple, sont évitées parce que non conformes aux enseignements de l'Église.

D'autres notions sont, par contre, nettement discutables. À titre d'exemple, on y enseigne que seul le mariage procure une relation intime, que le vrai but du mariage est l'unité et non le bonheur, que chaque partenaire a besoin de l'autre et que le mariage prend son sens autour du NOUS plutôt que du TOI et du MOI. Ces principes risquent d'entraîner, sur le plan psychologique, un certain nombre de conséquences dont l'unité même du couple risque de souffrir. Envisagée de ce point de vue, une infidélité sexuelle, par exemple, risque de compromettre sérieusement l'équilibre sinon la survie de l'union.

D'autres notions, enfin, sont indémontrables. Leur degré d'utilité ou de nocivité à la compréhension de la vie de couple apparaît impossible à prouver. Par exemple: accorder à la foi le pouvoir de faire fructifier l'amour entre les conjoints; affirmer que le véritable MOI de l'autre est aimable; prétendre que la prière est un moyen de voir clair lorsque vient le temps de prendre une décision.

Quant à l'engouement que semblent déclencher ces fins de semaines, il est relativement simple à expliquer. On aborde le sujet avec beaucoup de chaleur et de romantisme. Les lumières tamisées, les chandelles, la musique d'ambiance, l'accueil enthousiaste et les attentions réservées aux couples conviés créent une atmosphère qui séduirait Barbe-Bleue lui-même. Quand on connaît la sensibilité humaine et qu'on sait à quel point ces éléments sont rares dans la vie quotidienne, à moins d'être dénaturés, les couples ne peuvent faire autrement que d'en apprécier le déploiement. Ce n'est malheureusement pas demain que l'humanité s'y adonnera. L'homme semble plus enclin à propager la violence qu'à enseigner l'amour. De telles fins de semaines apparaissent donc comme des îlots de fraîcheur sur des mers d'hostilité.

Pour ceux qui sont déjà engagés dans le mariage depuis plus ou moins longtemps, *Rencontre-fiancés* a son pendant pour les seniors de l'union conjugale. En effet, *Renouement conjugal (Marriage encounter)* est la réplique à peu près fidèle de *Rencontres-fiancés*. Fondé en Espagne dans les années 60 et véritablement propulsé par le jésuite américain Chuck Gallagher, *Renouement conjugal* visait, à l'origine tout au moins, à offrir à des couples l'occasion de se rafraîchir et de prendre un deuxième souffle. Il s'adressait donc à des couples sans difficultés particulières qui adhéraient à la foi catholique. Dans une étude du volume de Chuck Gallagher, *Le Renouement conjugal*, Marie-André Roy(11) dégage un certain nombre d'éléments constructifs importants. Elle souligne entre autres l'importance considérable accordée à la communication dans le couple, et plus particulièrement à la communication des émotions vécues par chaque conjoint. D'après elle, Gallagher veut en fait souligner le fait que le conjoint est probablement la personne qui connaît le plus profondément son partenaire et qu'à ce titre la communication peut devenir très riche et profitable au couple. *Renouement conjugal* veut enseigner aux couples à rompre avec le train-train quotidien qui passe sous silence un aspect capital de la relation de couple, le vécu émotif des partenaires.

Marie-André Roy analyse les raisons du succès de *Renouement conjugal*. Selon elle, la première raison de son succès est l'attrait de l'affection humaine. On peut s'attendre à ce que tout contenu qui vante les bienfaits de l'affection, en prétendant que sa présence est indispensable au bonheur, est voué au succès. Ces contenus ne sont pas exclusifs aux sessions de ce genre. L'industrie cinématographique en a largement bénéficié avec des films comme *Love Story, Le docteur Jivago, Autant en emporte le vent* et combien d'autres. La seconde raison expliquant le succès de *Renouement conjugal* est qu'il propose une technique de communication utile et efficace à l'heure où la communication interpersonnelle fait tant défaut dans le couple. Il propose de bâtir au sein du couple un état de puissance à une époque où, politiquement, l'individu est particulièrement faible. Cet état y est présenté comme tenant sa puissance de l'amour.

L'étude soulève, par ailleurs, un certain nombre de questions à propos du mouvement. La première concerne la composition des couples. À l'origine, le mouvement a été conçu pour des couples harmonieux alors qu'actuellement beaucoup de ceux qui s'y retrouvent sont en état de crise. Y retrouve-t-on des couples suffisamment compétents pour en aider d'autres alors que la seule exigence pour être animateur consiste à avoir déjà expérimenté la fin de semaine? Est-ce que l'espèce de fusion des couples proposée, poursuit Marie-André Roy, ne va pas à l'encontre de l'autonomie des conjoints tant revendiquée par les mouvements féministes qui veulent affranchir la femme des stéréotypes traditionnels — ménagère, épouse et mère? en apprenant ainsi à exprimer ses émotions, en démystifiant les tabous qui le paralysaient de ce point de vue, sans pour autant que soit montré à la femme comment recourir plus adéquatement à la rationalité, château fort masculin, l'homme n'a-t-il pas des chances de ressortir de l'expérience plus outillé que la femme? Celle-ci n'est-elle pas maintenue ainsi dans un état d'infériorité? Est-ce que la présence même du prêtre dans le mouvement ne constituerait pas un nouveau tremplin pour faire valoir l'autorité et le prestige religieux perdu lors de la révolution tranquille? Gallagher affirme en effet que cette présence est une garantie de sérieux pour les couples.

Somme toute, conclut l'étude, *Renouement conjugal* et *Rencontres-fiancés* répondent indéniablement à un désir intense des couples d'apprendre à communiquer et de rechercher des réponses aux questions fondamentales intimement liées à la vie de couple. Ces mouvements contribuent, par ailleurs, à entretenir une certaine confusion au sujet, par exemple, de la place de la femme sur l'échiquier social moderne. Ils perpétuent des concepts traditionnels déjà très ancrés comme la fidélité absolue au partenaire, le besoin d'affection et la soumission dans le mariage. Ces problèmes de fond ne sont pas abordés, sous prétexte qu'ils remettraient en question une partie de la doctrine de l'Église, comme cela semble être le cas pour la sexualité et l'accessibilité au sacrement d'eucharistie pour les divorcés catholiques pratiquants. Deux thèses semblent donc s'affronter: celle de la foi et celle du bon sens. C'est ce genre d'imbroglio qui amenait Masters et Johnson à s'étonner, non pas du nombre croissant d'échecs dans le mariage, mais plutôt du nombre encore appréciable de réussites. Est-ce qu'une préparation réaliste au mariage ne pourrait éviter les écueils que perpétuent ces mouvements? C'est ce à quoi je vous invite maintenant à réfléchir.

Le mariage à l'essai

Nous venons au monde, grandissons et nous développons dans un certain milieu. Nous acquérons pendant notre croissance, le plus souvent inconsciemment, un certain nombre de croyances qui modèlent beaucoup de nos comportements adultes. Parmi ces valeurs figurent des conceptions traditionnelles largement véhiculées par la famille et d'autres plus modernes promulguées par des philosophies plus avantgardistes promettant le bonheur tout en dénonçant l'anachronisme des visions ancestrales. Sans nous en rendre compte, nous faisons avec sincérité un certain tri dans tout cet étalage d'idéologies parfois contradictoires, nous envisageons la préparation au mariage d'une certaine manière: tantôt en conservant des visions plus conformistes, tantôt en introduisant des considérations plus contemporaines. Voilà que nous faisons la connaissance d'un partenaire agréable. Chacun éprouve une attraction qui l'incite à revoir l'autre. C'est le début des fréquentations, première phase d'une préparation sérieuse au mariage.

Cette phase me semble particulièrement importante pour l'union conjugale parce qu'elle permet à chaque partenaire d'évaluer son degré de compatibilité avec l'autre. S'il n'y a que peu ou pas de compatibilité entre leurs convictions respectives, leurs comportements trahiront cette incompatibilité. L'évaluation sera d'autant plus significative que chacun disposera d'un nombre suffisamment grand de comportements à travers toutes sortes de situations. Ainsi Gaston et Claudette se rencontrent, se plaisent et commencent à échanger sur leur philosophie des fréquentations. On assiste parfois à de vibrants plaidoyers en faveur de la liberté de chacun de disposer de ses soirées comme bon lui semble, liberté incluant la possibilité de "flirter" avec un autre partenaire. Quelle ouverture! La situation devient tout autre lorsque Gaston découvre que Claudette s'est permis d'aller danser avec un étranger ou que Claudette a découvert que Gaston avait réalisé un laboratoire avec une amie. Outré(e), il ou elle fait une scène et c'est à grand renfort de menaces de rupture que chacun réussit à faire promettre à l'autre de ne pas répéter cette monstrueuse infidélité. Voilà le schéma de nombreuses fréquentations qui pourtant professent leur foi en la liberté.

Si les fréquentations ne sont pas assez longues ou bien insuffisamment étoffées, c'est après la lune de miel que s'effectuent les pénibles découvertes. Elles suffisent parfois à mettre un terme à l'union ou à en affaiblir sérieusement l'harmonie. Les fréquentations revêtent donc un caractère exceptionnel pour les partenaires réalistes qui veulent connaître les véritables paramètres de l'éventuel conjoint. Il est téméraire de croire que c'est sur les joies, les soucis, les inquiétudes et les espoirs que s'érige la réussite conjugale. Faites donc de même avec votre médecin, votre mécanicien, ou votre technicien en radio et télévision qui prétendent tous avoir trouvé la cause de vos ennuis de santé, du mauvais fonctionnement de votre auto ou de la panne de votre téléviseur. Vous avez suffisamment d'esprit critique pour mettre à l'épreuve ces affirmations. Vous vous précipitez sur la première occasion pour vérifier les conclusions de ces diagnostiqueurs. C'est grâce à cette démarche de vérification par l'action que la qualité des services professionnels de ces spécialistes peut être maintenue. Pourquoi agissons-nous autrement en matière de fréquentation ou de vie conjugale? Pourquoi accorder une entière crédibilité à des déclarations de principe? L'affection pour le partenaire suffit-elle à vous convaincre de votre compatibilité? Votre intérêt pour la peinture fait-il de vous un artiste? Rappelez-vous que vos affirmations les plus convaincantes ne suscitent qu'une admiration éphémère si elles ne se vérifient pas dans vos démarches.

C'est dans un projet de vie commune étalé sur un laps de temps assez long que les incompatibilités vont se manifester et non dans les rencontres brèves et agréables du samedi soir. Ces fréquentations ne prévoient, la plupart du temps, que des activités de divertissement plus favorables à l'expression des caractéristiques avantageuses du partenaire qu'à celles susceptibles de compromettre l'idylle. Ces rencontres amusantes ne favorisent le dévoilement que d'une partie de la personnalité comme l'iceberg ne montre que son sommet. Les incompatibilités ont donc peu de chances de ressortir, chacun s'efforçant d'être agréable à l'autre. C'est la vie commune qui permettra à chaque partenaire de découvrir dans les comportements de l'autre ses véritables dispositions lorsqu'il ou elle est fatigué(e), déçu(e) ou frappé(e) par le chômage, la maladie ou autre contrariété. Une telle expérience pourrait empêcher de s'engager dans le mariage et d'aboutir à un divorce pour une incompatibilité des types d'expression sexuelle, pour une divergence importante sur les questions financières, pour une incapacité sérieuse à communiquer ou à nouer des liens avec la belle-famille ou pour une incompatibilité des philosophies d'éducation des enfants. Examinons plutôt comment chacun de ces aspects pourrait être l'objet d'une attitude préventive dans un mariage à l'essai.

a) En matière de sexualité

L'ensemble des recherches scientifiques tendent à démontrer que l'aspect le plus important du mariage est l'épanouissement sexuel. Ne trouvez-vous pas paradoxal que des conjoints s'engagent dans le mariage sans que chacun possède une sérieuse connaissance des goûts, intérêts et expressions sexuelles de l'autre pour évaluer leur compatibilité? Attendre que le mariage soit célébré pour procéder à cette investigation m'apparaît aussi insensé et imprudent que de s'inscrire à un marathon sans être entraîné. Une telle attitude est pour le moins prétentieuse.

Ce n'est certainement pas dans l'abstinence que cette compatibilité pourra apparaître. Alors que les longs et agréables échanges présentent souvent l'inconvénient d'être peu nuancés, exagérés et parfois même inexacts, les performances, au contraire, ne trompent pas. Elles vendent leurs auteurs. Comment bâtir une union conjugale solide et stable sans passer par cette préparation à l'heure où la satisfaction sexuelle revêt autant d'importance?

Les relations sexuelles prémaritales et avec elles les coïts prémaritaux des jeunes adultes ne cessent de se multiplier. Des analyses prospectives montrent que le coït prémarital sera pratiqué par 95% des jeunes adultes en 1994 alors que 28% le pratiquaient en 1967 (5). Cette augmentation semble attribuable à une certaine érotisation de la culture. Il suffit de regarder à droite et à gauche pour s'en convaincre. C'est la publicité, la libération de la censure dans les films, émissions de télévision, c'est la littérature spécialisée, c'est la prolifération des camps de nudisme et que sais-je encore. La libération de la femme occupe une place privilégiée dans l'érotisation de la culture, de même que l'agonie du double standard. De moins en moins de distinctions séparent hommes et femmes. Une plus grande valorisation de la sexualité prémaritale dans un contexte amoureux accentue également cette pratique. La loi du bon sens gagne du terrain sur la morale traditionnelle. L'emprise religieuse étant considérablement réduite, la recherche du plaisir est de moins en moins culpabilisante de sorte que les gens s'y adonnent davantage, reléguant au second plan une morale valorisant la virginité, morale enfantée par la tradition religieuse.

Le cheminement de ce laxisme semble suivre celui qu'a connu le contraceptif oral chez la femme (5). En 1961, aucune femme n'avait recours à la pilule anticonceptionnelle (Carisse, 1964, cf. 5) alors qu'elle était connue de 37% des femmes. Aujourd'hui une faible minorité s'oppose à son utilisation pour des raisons morales. Pour Gemme et Crépault (5), le cheminement prévisible pour les années qui viennent se caractérisera par l'abolition de la perception négative de la sexualité, la disparition de la virginité en tant que valeur et l'atténuation de la perpétuation des stéréotypes négatifs pour les parents de demain. Ce changement d'attitude est constaté autant chez les jeunes ayant connu des coïts prémaritaux que chez ceux qui s'y opposent. Cette évolution des attitudes pourrait bien modifier substantiellement dans les générations à venir la conception traditionnelle de la fidélité sexuelle, facteur encore largement invoqué dans les recours en divorce.

"Ces données indiquent donc que les répondants mariés se montrent moins rigides dans leur réaction à un épisode extramarital, sont plus permissifs par rapport à d'autres comportements sexuels, et moins enclins à utiliser des sanctions fortes en cas de manquement aux normes,... Ceci se répercute dans l'appréhension de "l'extramaritalité", envisagée comme une menace à laquelle il faut répondre soit par l'opposition ou soit inversement par une attitude d'écoute et d'intégration dans le processus d'interaction du couple.

On peut donc penser... que le développement d'attitudes plus souples par rapport à la sexualité, et ce, dès l'adolescence favorisera une meilleure perception de "l'extramaritalité" à partir de laquelle une permanence dans la relation de couple pourra s'établir sans que l'exclusivité sexuelle ne devienne un corollaire obligatoire (10, p. 250)".

"L'adoption d'attitudes permissives à l'égard de la sexualité chez les couples mariés pourrait constituer un prérequis au dialogue conjugal. Dans son étude sur la famille biparentale, Carisse (1974) signale que les notions d'autonomie, d'égalité et de communication représentent de nouvelles règles qui modèlent l'institution familiale et dont la définition et la pratique peuvent jouer sur la séparation. Dans ce contexte, la relation extramaritale n'engendrerait pas la rupture si cette expérience respecte les principes de base du noyau conjugal. La nouvelle fidélité consisterait à parler de sa relation extraconjugale et d'en faire un sujet de communication verbale dans le couple. La dérogation se déplacerait alors de l'acte d'infidélité à l'infidélité dialogue (3, p. 250)."

Il reste à souhaiter maintenant que cette libéralisation des attitudes et l'affranchissement d'une morale religieuse au profit d'une morale naturelle plus réaliste contribueront à soustraire à la liste des motifs de séparation et divorce des cours de justice l'utopique exigence d'exclusivité sexuelle qui a déchiré tant de couples et fait souffrir tant d'enfants. Une compréhension plus éclairée de ce phénomène jumelée à un apprentissage sérieux et prolongé de la vie à deux auront tôt fait de ramener la sérénité dans les couples désireux de s'unir dans l'épanouissement d'un amour réaliste.

b) En matière de considérations financières

Les fréquentations seront une étape privilégiée pour évaluer l'ampleur des divergences d'ordre financier, seconde cause d'échec du mariage, comme le démontrent des études sur le divorce (8). Dans un projet d'apprentissage de vie à deux, chaque partenaire sera en mesure de constater l'utilisation et la répartition des fonds provenant de l'un ou des deux partenaires. Une telle expérimentation révélera parfois les exagérations égoïstes de Gaston qui privilégie ses intérêts financiers ou encore le manque de sérieux, de compétence administrative d'Yvette qui économise sur la nourriture pour se procurer un luxueux manteau de fourrure. Quelle part de réalisme chacun accorde-t-il à ses fantaisies? Chacun est-il en mesure de renoncer à des acquisitions matérielles superflues au profit de commodités familiales courantes?

c) En matière de communication

Que résultera-t-il de ces tête-à-tête romantiques et affectueux farcis d'échanges "empathiques" et "respectueux" lorsque Gaston aura été frustré au travail, au collège ou à l'université, et qu'Yvette lui annoncera qu'elle n'apprécie guère sa délicatesse d'éléphant. La chaleureuse empathie cédera-t-elle la place aux vulgaires réflexions hostiles ou au contraire la tolérance et la compréhension l'emporteront-elles? Peut-on se fier objectivement aux espoirs de ces tête-à-tête détendus et apaisants? Ne vaudrait-il pas la peine également de sonder l'étendue de la gamme des réactions possibles en des circonstances moins agréables? Ce n'est pas dans la splendeur d'une salle de démonstration qu'un bélier mécanique témoigne de sa capacité. C'est sur le terrain, en le confrontant précisément aux obstacles que la publicité le prétend capable de surmonter, que l'éventuel acheteur prendra une décision plus adéquate. C'est dans les moments difficiles que les véritables caractéristiques de la communication se révèlent. Cette incapacité d'échange est reconnue, ne l'oublions pas, comme la troisième en importance des sources de conflits menant au divorce (8). Un échantillon suffisamment considérable de situations variées permettra à chacun de se faire une idée plus précise de ce que serait la communication dans le mariage. Nous y reviendrons plus loin.

d) En matière de relations avec la famille et la belle-famille

L'apprentissage de la vie à deux éclaircira les idées au sujet des liens entre le couple et la belle-famille, quatrième cause en importance des divorces (8). Gaston et Yvette se plaisent, oui, mais s'ils envisagent de vivre ensemble, ils auront avantage à avoir les idées claires au sujet de l'approbation ou de la désapprobation du choix de leur partenaire par la famille et la belle-famille. Il arrive, en effet, fréquemment que les familles respectives exercent des pressions approbatrices ou désapprobatrices sur le choix du partenaire. Il importe que les partenaires délimitent l'importance qu'ils attachent à ces attitudes. Ils risquent autrement de se voir coincer entre le partenaire et la famille. Les conjoints en quête de l'approbation de la famille ou de la belle-famille face au choix qu'ils ont fait risquent d'être déchirés par le défi de vouloir sauver le chou et la chèvre. Chaque partenaire aura avantage à connaître avec précision les motifs qui l'incitent à vivre avec son conjoint avant de songer au mariage, sans quoi ils risquent tous deux de se comporter comme des girouettes. Il me semble important que la perspective du mariage à l'essai mette en évidence le désir sincère et ferme de peser les chances de succès d'un éventuel mariage. C'est au prix d'une bonne dose d'acceptation de soi et de l'autre que cet objectif sera atteint. Chaque partenaire devra donc poursuivre ce but s'il veut se tenir debout et résister aux pressions de l'une ou l'autre ou des deux familles. C'est d'abord avec le conjoint qu'il importe d'être heureux. Tant mieux si cette satisfaction est partagée par chaque famille.

e) En matière de philosophie d'éducation

Que dire maintenant de l'épineuse question des enfants et de leur éducation, cinquième cause en importance des difficultés conduisant au divorce (8). On connaît bien chez les amoureux la préoccupation presque constante d'intimité. Des contacts épisodiques et brefs avec les enfants ne révèlent que très partiellement les véritables prédispositions éducatives des partenaires. Que Gaston et Yvette avouent avec candeur et franchise qu'ils veulent ou ne veulent pas d'enfants, que Gaston soit habité du désir d'en avoir alors qu'Yvette prétend éprouver une réticence profonde à cette perspective est sans doute important mais nettement insuffisant. Toutes ces déclarations sincères doivent subir le test de la réalité en étant confrontées à des expériences répétées et prolongées de contact avec des enfants. La vie commune atténuera la recherche effrénée d'intimité laissant ainsi les partenaires plus disponibles à de telles expériences. Les chances que les attitudes adoptées en pareilles circonstances soient celles qui prévaudront après le mariage sont sans doute plus grandes.

f) En matière de déficience psychologique ou physiologique

L'union conjugale à l'essai permettra également de déceler, éventuellement, certaines caractéristiques maladives chez le partenaire. Que l'on songe, par exemple, à l'alcoolisme que Claude peut vouloir cacher à Lise dans le but évident de ne pas la perdre. Si, dans le contexte de fréquentations traditionnelles, Lise ne rencontre Claude que quelques soirées par semaine pendant plusieurs mois, elle ne se rendra compte qu'une fois mariée du handicap de son mari. Dans l'hypothèse d'un apprentissage de vie à deux échelonné sur un an ou un an et demi, la probabilité que Claude cache à Lise ce handicap est considérablement atténuée. Si l'un des partenaires a tendance à se réfugier dans l'alcool, il succombera presque certainement au cours d'un an de vie commune.

L'avarice et la jalousie peuvent également représenter des motifs suffisants pour mettre un terme à des fréquentations même sérieuses. Le mariage à l'essai aura tôt fait d'en détecter les symptômes, tant sont désagréables et disgracieuses les scènes que de telles obsessions offrent en spectacles aux ami(e)s, parents ou collègues de travail. Qui risquerait d'engager sa vie dans de pareilles conditions? Il est donc nettement préférable que le partenaire détecte ces symptômes afin de s'éviter à lui-même et à son partenaire une existence misérable. Retarder à cause de cette déficience un mariage projeté pourrait même constituer pour celui ou celle qui en est atteint un excellent moyen de la corriger, la perspective de la rupture le poussant à le faire pour peu qu'il tienne au conjoint.

Des déficiences d'origine physique ou physiologique consacrant une forme quelconque d'incompatibilité sexuelle pourraient également inviter un partenaire à reconsidérer une union, si chaleureuse soit-elle. Tous les êtres humains ne disposent pas de la même facilité à vouer un amour oblatif à leur partenaire. Aussi bien en sonder l'étendue dans l'union conjugale à l'essai. L'empressement initial à prétendre et à convaincre le conjoint que l'affection compensera amplement l'absence de rapports sexuels normaux peut également être éprouvé sur une période assez longue et être reconsidéré "après usage". Ne jouons pas à l'autruche. L'amour altruiste n'appartient qu'à Dieu, ne l'oublions pas. Tous les humains continuent à manifester une assez forte prédisposition à rechercher leur intérêt. L'abstinence sexuelle presque totale pour une personne en état d'exercer sa sexualité représente à elle seule un défi de taille. Peu d'êtres humains sont aptes à le relever sans mettre en péril une éventuelle union conjugale quand on sait jusqu'à quel point l'importance de la sexualité s'accroît, comme le montrent certaines recherches. Si la réalité du mariage n'a rien du romantisme hollywoodien, que le plaisir des sens et l'amour sont très liés dans le mariage, convient-il encore de se marier? Tout dépend de l'importance attachée par chacun aux avantages et aux inconvénients qui se rattachent au mariage. En toute logique, bon nombre de personnes auraient avantage à ne pas se marier à cause de leurs intérêts professionnels difficilement compatibles. Les acteurs de cinéma, les artistes en général et les personnes émotivement vulnérables en sont quelques exemples. En fait le mariage ne convient qu'à un petit nombre de personnes. Paradoxalement il procure bon nombre d'avantages à la femme en particulier: possibilité d'avoir des enfants et de les élever, une certaine sécurité affective, une position sociale, une stabilité économique et des relations durables. Ces avantages sont réels pour le jeune homme ou la jeune femme ordinaire. Pour les personnes aux ambitions considérables et dont les intérêts sont multiples et très développés, les inconvénients du mariage apparaissent plus nombreux que les avantages. Il peut être utile pour le commun des mortels de partager sa vie avec un compagnon ou une compagne parce que beaucoup d'êtres humains se satisfont de peu de chose et qu'ils ne dramatisent pas les inconvénients certains qui sont inhérents au mariage. Celui-ci apparaît comme un moindre mal dont beaucoup se satisfont. Il y a sans doute plus de divorces et de séparations que nécessaire si l'on tient compte de ce point de vue. Trop de divorcés abandonnent des avantages certains pour se retrouver démunis et paradoxalement réticents quant à toute éventualité de remariage. Ils se retrouvent donc dans une situation plus inconfortable qu'auparavant.

Après avoir envisagé dans ce chapitre la possibilité de concevoir l'union conjugale sur le modèle de l'entreprise au sens large du terme, avoir dressé un bilan des ressources à la disposition des jeunes adultes pour préparer cette union et avoir dressé le portrait des avantages de l'union conjugale à l'essai, nous aborderons un facteur primordial à la réussite d'une union enrichissante, l'autonomie personnelle.

Chapitre V

Autonomie psychologique, financière et matérielle

Autonomie est un mot qui revient souvent en psychologie. Il prend un sens particulièrement important à propos du mariage. On le définit comme la capacité de s'autogérer. Envisagé sous ce point de vue, le mariage n'est donc pas une entreprise pour adolescents. S'engager dans la vie à deux dans le but d'être le centre d'attraction du partenaire risque d'entraîner l'asphyxie du lien affectif qui unit les partenaires. Nous aborderons quelques-unes des significations concrètes de l'autonomie psychologique, financière et matérielle.

Autonomie psychologique

Si vous demandez à d'éventuels candidats au mariage les mobiles qui les poussent à se marier, chacun répondra probablement avec empressement qu'il le fait dans le but de rechercher chaleur, amour et partage de projets communs. Paradoxalement, l'atteinte de ces objectifs est fréquemment entravée par des exigences psychologiques qui les sabotent à la base. Il ne me semble donc pas superflu d'essayer de dresser une brève liste des principales attitudes psychologiques susceptibles de nuire à l'épanouissement des contractants.

L'une de ces attitudes concerne la dépendance souvent exagérée à l'endroit du conjoint. L'un ou l'autre renoncera à célébrer des retrouvailles parce que son conjoint prévoit une soirée intime à la maison. Nous retrouvons, sous-jacente à cette attitude de renoncement, l'omniprésente exigence de ne rien faire ou décider sans l'approbation bienveillante du conjoint. Le jeune marié (ou la jeune mariée) en particulier ne se rend pas compte qu'en voulant respecter à tout prix les désirs de l'autre, il (ou elle) renonce au respect de lui-même (ou d'elle-même). Ne pas attacher plus d'importance à ce respect de soi entraînera à long terme la tendance à blâmer le partenaire. L'attitude respectueuse tant recherchée au départ se gâte graduellement pour se transformer en hostilité. Et voilà comment l'objectif initial n'a été atteint que de façon transitoire. Une communication franche et ouverte des désirs de chacun soulèvera certes oppositions, déceptions et résignations, mais favorisera, par ailleurs, l'épanouissement de ce respect si cher aux conjoints lorsqu'ils se marient. Cet échange réduira d'autant les incompatibilités dont nous avons déjà parlé.

C'est dans le respect des désirs de l'autre que chacun décide de ce qu'il veut faire de son temps. Égoïste de prime abord, une telle perspective réduira considérablement les frustrations que l'exigence de conformité des projets provoque inévitablement. Respecter l'autre, c'est s'ouvrir à lui pour connaître ses désirs et amorcer une négociation soucieuse de la satisfaction de l'autre. C'est, par exemple, Jacques qui dira à Lise: "Ton projet de soirée intime en tête-à-tête m'apparaît intéressant, mais je préférerais pour ma part le réaliser une autre fois, si cela te convient; j'avais prévu aller prendre un verre avec un vieil ami ce soir après souper." L'épouse attentive et respectueuse exprimera probablement sa déception tout en se consolant à la pensée que ce n'est que partie remise.

Une communication claire permettra ainsi de réduire, sinon de faire disparaître le mythe de l'homme fort qui ne confie pas ses problèmes à sa femme sous prétexte qu'elle ne comprendrait pas. Même si certains aspects techniques peuvent nuire à la compréhension du problème, les tracas, soucis et inquiétudes qu'ils font naître n'échapperont pas à l'attention du conjoint empathique. Si Ginette, professeur de physique, se met en frais d'expliquer à Jacques, son mari commerçant, les propriétés diaboliques de la bombe à neutrons, il sera relativement simple pour Jacques de comprendre, même s'il ignore tout de cette bombe, l'inquiétude que cachent les propos de Ginette, ouvrant ainsi la porte à un échange intime.

Par surcroît, cette ouverture contribuera à démanteler l'image d'unicité du couple en favorisant la prise en charge, par chacun, de son propre épanouissement. Chaque partenaire n'a donc pas de permission à demander à l'autre, puisqu'il lui reconnaît le droit de s'accomplir. Nous avons ainsi affaire à deux adultes autonomes ne se devant rien l'un à l'autre mais cherchant plutôt à partager, lorsqu'ils en ont le désir, un certain nombre de projets communs plus agréables à réaliser conjointement qu'individuellement. Cette image traditionnelle du couple que l'on retrouve partout ensemble, s'adonnant aux mêmes activités et recherchant la compagnie des mêmes amis, en prend donc pour son rhume parce qu'elle ne tient pas compte de l'incompatibilité, au moins partielle, caractérisant tous les rapports humains. Les statistiques sur les séparations et les divorces me semblent assez éloquentes à cet égard. Elles démontrent en fait l'impossibilité d'arriver à cette unicité. Pourquoi s'acharner à la rechercher? C'est sur la sécurité et la confiance en soi de chaque partenaire que repose le succès de l'union et l'autonomie des conjoints. L'intérêt que ceux-ci manifestent à une personne du sexe opposé ne fait pas l'objet d'interdit et ne préside donc pas nécessairement à l'élaboration de stratégies complexes visant à le cacher. Une personne sûre d'elle-même et autonome ne recherche pas l'exclusivité affective. Elle trouve sa satisfaction d'abord dans l'estime qu'elle a d'elle-même. L'affection exprimée par les autres est alors accueillie comme un cadeau et non comme un dû. Animés de cette autonomie psychologique, les conjoints sont plus enclins à conclure des ententes monétaires précises et à partager équitablement la responsabilité d'acquérir des biens matériels.

Autonomie financière avant le mariage

La conception traditionnelle des fréquentations incite le garçon à défrayer la jeune fille pour ses dépenses. Cette pratique découle probablement de la croyance selon laquelle l'un appartient à l'autre. Comme, dans notre culture, la dépendance et la soumission étaient le lot de la femme, il était normal que l'homme, ce pourvoyeur, s'acquitte de la responsabilité de veiller sur la femme. Le tout était évidemment assujetti à des règles de bienséance gracieuses et gentilles procurant à la femme l'illusion d'occuper la première place. L'ensemble de ces préceptes courtois interdisait à l'homme de n'assumer que ses propres dépenses car on l'eût identifié à un être mal élevé et égoïste n'affectionnant pas vraiment sa belle.

Tout ce déploiement, bien intentionné, vous l'avez deviné, ne servait qu'à démontrer l'appartenance de la femme à l'homme qui, en retour, lui garantissait fidélité, serviabilité et soumission. Quel portrait touchant! Il semble aujourd'hui que la situation s'améliore. En effet, la jeune fille réalise de plus en plus qu'elle n'est pas une poupée que l'on soumet aux fantaisies masculines. À la faveur de cette libération de la femme, de son accession au marché du travail et de l'abolition de la double moralité, elle assume de plus en plus la responsabilité financière de ses sorties galantes. Ce revirement concrétise l'avènement de son autonomie. De nombreuses jeunes femmes refusent maintenant de vivre aux crochets de leur ami, fiancé ou mari. Beaucoup de femmes ayant été formées à la vieille école profitent maintenant des possibilités d'occuper un emploi à l'extérieur de la maison, non pas parce que la situation financière du foyer l'exige mais tout simplement par désir d'affranchissement de cette dépendance financière au mari. L'autonomie pécuniaire permet à la femme d'apporter une contribution parfois importante à des projets communs. C'est l'acquisition d'un chalet, d'une propriété résidentielle, d'une nouvelle voiture ou de quelque autre chose. La femme contribue donc de ses propres deniers à ériger ce qui lui tient à coeur. Plutôt que d'assister l'homme et de lui apporter uniquement son support moral, elle a voix au chapitre en utilisant comme lui l'argument du portefeuille pour matérialiser ses intentions. C'est à cet exercice que se livrent un nombre croisant d'adolescentes conscientes de l'importance de leur désir de s'amuser elles-mêmes. Cette démarche de maturité n'élimine en rien les marques d'attention ou de considération que le garçon peut témoigner à sa compagne. Il n'est que plus vigilant et ne peut plus aussi facilement compter sur cette dépendance pour reconquérir une jeune fille récalcitrante que des cadeaux attendrissants finissaient par faire succomber. "Je ne peux pas lui faire ça, après tous les cadeaux qu'il m'a faits", se sont exclamées bien des jeunes filles tombées dans ce piège. Les hommes ne peuvent que se réjouir de cette pratique qui, tout en favorisant l'égalité de la femme et en augmentant le respect qu'elle peut attendre, lui permettra à lui de récupérer des deniers qu'il pourra utiliser à l'avantage du couple. Tout le monde y trouve donc son profit.

S'il est maintenant plus clair que les avantages de l'autonomie financière sont plus considérables que ses inconvénients, il serait regrettable de ne pas en tenir compte lorsque vient le temps de rédiger un contrat de mariage. Il semble en effet souhaitable que soient énumérées dans ce contrat les règles devant s'appliquer aux biens qu'ils possèdent et à ceux qu'ils acquerront individuellement ou en couple.

Concevoir le mariage d'abord comme une association d'affaires n'est pas incompatible avec l'attachement affectif. De tels contrats visent à clarifier les choses et non à les embrouiller. Lorsque la NASA envoie des astronautes dans l'espace, elle fait tout en son pouvoir pour mener à bien le voyage. En dépit de ses efforts, elle prévoit néanmoins divers plans de récupération de ses voyageurs de l'espace pour le cas où un ennui majeur se produirait. Sommes-nous portés à ridiculiser ces prévisions? Pourquoi le serions-nous alors quand il s'agit de la préparation d'un mariage?

Lorsque la femme travaille à l'extérieur du foyer, un certain nombre de problèmes se posent qui n'existent pas lorsqu'elle demeure au foyer. Dans cette dernière éventualité, l'homme assume la totalité des coûts encourus pour l'acquisition des biens. Des difficultés peuvent survenir lorsque l'homme et la femme acquièrent conjointement des biens. Qui en financera l'acquisition et dans quelle proportion? Nous pouvons envisager ici une gamme considérable de possibilités en fonction des disponibilités financières de chaque conjoint et de leurs intentions d'en disposer. Chacun pourrait s'éviter de pénibles discussions dans l'éventualité d'un divorce quand on connaît la tendance de l'être humain à vouloir abuser de situations comme celle-là. Pourquoi ne pas procéder à un inventaire annuel ou biennal des biens de chacun? Au cas où les conjoints désireraient se départir de certains biens, un contrat de mariage clair permettrait de régler, en un tournemain, une transaction qui autrement pourrait donner lieu à un conflit. S'en remettre totalement à l'affection et à la bonne volonté engendre souvent des problèmes lorsqu'il est question de gros sous. C'est un des risques que fait naître l'affranchissement financier de la femme. Pourquoi ne pas s'y préparer sereinement?

Il me semble prudent d'envisager, par exemple, la tenue d'une comptabilité personnelle à chaque conjoint en plus d'une comptabilité commune. Prenons l'exemple facile et peut-être peu répandu du cas où l'homme et la femme jouiraient d'un salaire semblable. Il pourrait être convenu que chacun enregistre dans un cahier de comptabilité familiale les sommes versées pour la gestion des obligations communes. L'épicerie, l'entretien de l'auto, le loyer, l'habillement des enfants, les projets collectifs de vacances, et que sais-je encore, sont comptabilisés conformément à l'argent versé par chacun. À intervalle fixe, le couple procède à l'équilibration des déboursés. L'addition de ce qu'a payé chacun permet de voir si l'un a davantage déboursé que l'autre. Le partenaire verse à son conjoint la moitié de la différence constatée au bilan et le tour est joué. Finies les discussions sur les prétentions de l'un affirmant qu'il a payé davantage que l'autre sans avoir de chiffres pour appuyer ses dires. Chacun partage la responsabilité des dépenses et se donne tout le loisir et l'autonomie de renégocier les ententes qu'il jugerait moins pertinentes ou celles qu'il estimerait prioritaires. Ce sont les règles de l'association d'affaires puisque chacun apporte un revenu et doit rendre compte des dépenses effectuées.

Dans le cas où les salaires sont inégaux, l'acquittement proportionnel peut être envisagé. Si, par exemple, les deux tiers du revenu total sont apportés par l'époux, c'est lui qui assumera les deux tiers des dépenses familiales. Toute formule recueillant l'accord des conjoints et respectant leur autonomie mérite d'être envisagée sérieusement. C'est l'ouverture à l'échange d'égal à égale qui déterminera laquelle est préférable à laquelle. Il convient cependant de se méfier des formules prévoyant que la totalité du salaire de l'un des deux conjoints, habituellement celui de la femme, soit affectée de façon exclusive aux activités récréatives, ou à l'acquisition d'un chalet, ou à l'achat d'une voiture plus luxueuse, etc. Cette méthode pourrait à juste titre donner l'occasion au conjoint dont le salaire serait ainsi utilisé de revendiquer la totalité des mérites. La contribution de ce conjoint risquerait d'être interprétée, par lui-même ou par l'autre, comme dévalorisante ou au contraire revalorisante. Dans les deux cas l'un des conjoints risque de déprécier son rôle. Cette perception est génératrice de difficultés à plus ou moins long terme.

Quant au fameux compte bancaire commun, il ne me semble pas respecter l'autonomie des conjoints mais plutôt mettre en relief un désir d'unicité dont nous avons parlé antérieurement. Cette mise en commun des ressources représente une marque de confiance considérable des conjoints l'un envers l'autre. Lorsque l'union conjugale est saine et respectueuse des désirs de l'un et de l'autre, ses inconvénients sont sans doute réduits, mais comme l'équilibre ne constitue pas encore l'apanage de la majorité des couples, il me semblerait plus prudent d'en réduire l'usage. Face à quelque difficulté, le compte bancaire commun pourrait rapidement devenir une occasion d'abus pour le partenaire tenté de le drainer à son propre avantage. L'expérience nous montre tous les jours que nous avons intérêt à nous méfier aussi de nous-mêmes parce qu'il nous arrive fréquemment de ne pas respecter nos propres engagements. S'il est souvent préférable d'adopter des moyens efficaces pour nous dissuader de recourir à cette pratique à cause de la baisse de crédibilité qu'elle occasionne à nos propres yeux et à ceux des autres, à plus forte raison est-il prudent de ne pas exagérer la confiance à témoigner à l'égard des autres, fût-ce à l'égard du conjoint. La formule du compte bancaire individuel me semble remettre à chacun l'entière responsabilité de gérer la totalité de ses revenus. Les risques d'erreurs dus à la négligence, à l'incompétence administrative, à l'abus de confiance disparaissent en même temps, et vous éliminez la tentation de blâmer l'autre d'une erreur ou d'une exagération faite en partie à vos dépens par le biais du compte bancaire commun. De telles occasions sont déjà suffisamment nombreuses et propices au blâme. Celle-ci est de taille, pourquoi ne pas l'éviter alors que c'est si facile? Si vous faites des erreurs, vous ne pourrez vous en prendre qu'à vous-même, ce qui du reste est psychologiquement sain et de nature à vous amener à chercher vous-même les solutions aux difficultés que vous rencontrez.

Quant aux initiatives individuelles entraînant des

déboursés visant à satisfaire des fantaisies personnelles, la perspective présentée jusqu'à maintenant les autorise largement. C'est à chacun de décider ce qu'il entend faire du surplus d'argent que les responsabilités partagées n'ont pas absorbé. Les fantaisies personnelles n'ont ici comme limite que l'ampleur des coûts qu'elles entraînent. Si Gaston consacre à l'achat du fusil de chasse dernier cri des sommes exagérées aux yeux de Colette, il sera le seul à en subir les inconvénients. Colette pourra tout au plus dénoncer ses caprices extravagants puisque Gaston se sera acquitté de ses responsabilités monétaires familiales. De tels excès n'auraient sans doute d'autre conséquence que d'occasionner quelques sarcasmes amicaux. Il en sera de même si Colette décide de se procurer une montre sertie de diamants. Une telle philosophie me semble départager équitablement les responsabilités pour le plus grand bien de la cellule et des individus qui la constituent.

Partage des tâches et responsabilités domestiques

Des recherches effectuées par le psychologue américain Azrin (cf. 7) ont montré que les partenaires d'un couple consacrent une partie de leurs échanges à discuter de tâches et de responsabilités domestiques. La recherche de compromis acceptables et satisfaisants pour chacun sur les questions domestiques représente donc une dimension importante de la vie à deux. La perspective autonomiste présuppose que chaque conjoint choisira de remplir des tâches tant pour assurer le bon fonctionnement du foyer que pour en partager les corvées routinières. C'est un partage basé sur la plasticité des rôles. Il est facile de concevoir dans un programme souple que le premier des deux conjoints qui rentre à la maison prépare le repas, que le moins occupé des deux s'occupe de mettre les enfants au lit, que le plus intéressé des deux passe l'aspirateur le samedi matin. Cette plasticité se fonde sur l'égalité des conjoints et abandonne donc toute conception sexiste des tâches à accomplir au foyer. C'est le partage en fonction des goûts ou des répugnances de l'un ou de l'autre des conjoints. Dans un contexte aussi souple, les tâches quotidiennes prendront leur vraie place, c'est-à-dire une importance secondaire. Un mode de fonctionnement aussi respectueux des intérêts des conjoints diminuera de façon considérable les résistances à assumer des tâches traditionnellement dévolues à la femme. Le couple examine ce qu'il fait et sait pourquoi il le fait avec assez d'ouverture pour s'adapter au jour le jour. Plutôt que de n'accomplir que des tâches agréables, chacun s'efforcera de procéder à l'analyse rationnelle de toutes les tâches domestiques. L'attribution exclusive des tâches fastidieuses et abrutissantes à l'un des conjoints disparaît, dans cette vision souple des rôles, au profit d'une collaboration étroite où les fardeaux sont partagés plutôt que dévolus. L'objectif de la vie à deux est donc l'épanouissement plutôt que l'enracinement dans des rôles. Une telle latitude réduit la dépendance au minimum et invite chacun à mieux prendre en main son développement.

Lorsque survient la naissance d'enfants, ces tâches augmentent considérablement. Si les conjoints travaillent tous les deux à l'extérieur de la maison, le partage s'effectuera en deux, grosso modo. Ce partage sommaire gagnera en équité si chaque conjoint procède à la nomenclature des tâches qui l'intéressent davantage pour ensuite consentir à compléter sa charge avec des tâches plus ennuyeuses. On pourrait, par exemple, pratiquer une telle formule en alternant, chaque semaine, chaque quinzaine ou chaque mois, l'ensemble des tâches assumées par chacun. Il va sans dire qu'il n'est pas question d'introduire ici de rigidité mathématique qui réduirait probablement l'efficacité d'une telle procédure. Dans un cadre d'autonomie, chaque partenaire est en mesure d'apporter à l'occasion une assistance utile à l'autre qui ne peut accomplir toutes les tâches un soir donné. Lorsque les enfants sont en âge d'accomplir certaines tâches domestiques, il importe de les inclure dans ce mode de fonctionnement. Ils comprendront graduellement l'importance de s'entraîner à assumer des responsabilités. Ils offriront un meilleur concours et contribueront à la bonne marche du foyer tout en acquérant eux-mêmes la capacité de faire des choix, de prendre des risques et d'en assumer les conséquences. Leur propre vie n'en sera que plus riche et la préparation à leur vie d'adulte plus adéquate.

Lorsque l'épouse demeure à la maison, une entente peut prévoir une ou deux soirées de congé pour qu'elle dispose à sa guise de quelques heures de détente, l'homme assumant l'entière responsabilité des tâches ce soir-là. Encore une fois, une certaine souplesse permettra au couple de planifier l'emploi de ces deux soirées. Si Philippe est relativement peu doué pour préparer les repas, il serait sans doute exagéré et surtout risqué de lui confier le mandat de préparer un menu élaboré. Ouverture et souplesse seront de mise face à ces déficiences. Toute cette organisation domestique gagnera à prévoir des formules d'alternance ouvertes à l'initiative tant dans les activités récréatives que dans les tâches domestiques.

La planification de l'organisation du transport des conjoints peut aussi causer des ennuis à certains couples. Un ménage n'ayant pas toujours les moyens financiers ou le goût d'avoir à sa disposition deux voitures, planifier l'utilisation de la seule dont il dispose peut éviter de nombreuses discussions. Cette rationalisation obéira aux besoins des partenaires et non à leurs caprices. Elle prévoira, par exemple, que l'épouse disposera de l'automobile dans l'avant-midi et l'époux dans l'après-midi lorsque les deux travaillent à proximité du domicile. Des alternances seront envisagées au gré des circonstances. La possibilité de voyager avec des confrères de travail peut également être économique et avantageuse. En somme, chaque conjoint procédera à l'analyse objective de ses besoins en matière de transport automobile et consentira à prêter son concours à l'application de la politique la plus avantageuse pour le couple, chacun étant conscient que ses désirs seront peut-être partiellement sacrifiés.

D'autres tâches n'apparaissant pas régulièrement à l'agenda conjugal restent à assumer. Tantôt c'est la visite à la maison de l'assureur ou l'échéance de la déclaration de revenus, les relevés mensuels des compagnies de finance, le rendez-vous à prendre chez le garagiste pour une mise au point de la voiture, et que sais-je encore. Nous avons souvent la fâcheuse habitude d'empiler tout ce courrier dans le porte-lettres en prévoyant y consacrer quelques heures le lendemain soir. L'expérience vous aura sans doute appris que quelques jours de retard suffisent pour que vous vous retrouviez avec des piles de papier. Il suffit de peu pour que vous oubliiez, perdiez un relevé de compte qui vous vaudra quelque intérêt le mois suivant. Furieux de cet état de chose, vous êtes tenté d'en blâmer le conjoint qui n'a pas eu la délicatesse de vous rafraîchir la mémoire. Une fois de plus, voilà la preuve qu'il vaut mieux compter sur soi-même que sur le conjoint. L'aide-mémoire peut s'avérer, en de telles circonstances, un précieux collaborateur. L'utilisation d'un carnet, tableau ou cahier permettra de préciser les réponses à apporter ou les démarches à effectuer selon un échéancier précis et selon l'importance attribuée à chacune. Il est possible d'élaborer ainsi une sorte d'agenda des gestes à accomplir chaque jour. Les chances d'oublier des démarches parfois importantes et urgentes sont ainsi diminuées. Pour vous inciter à le respecter, il sera avantageux de vous imposer une privation ou une gratification, ou les deux à la fois, selon que, à la fin de la journée vous aurez accompli ou non chacune des tâches que vous vous étiez fixées. Le conjoint faisant de même, vous aurez la satisfaction de liquider au fur et à mesure des tâches qui autrement risquent de devenir inutilement pénibles, en partie à cause de votre négligence. Ce sont là autant de façon de discipliner votre vie, non pas parce que la discipline est vertueuse et particulièrement honorable, mais tout simplement parce qu'elle favorise l'atteinte de vos objectifs tout en réduisant souvent la somme d'efforts à fournir. Rappelez-vous qu'il est souvent plus avantageux de maintenir avec régularité un effort minime que de fournir à l'occasion un effort intense. Le maintien d'un poids stable est plus facile à assurer par de petits efforts consentis au jour le jour que par des jeûnes sévères précédés ou suivis d'abus intempestifs.

Cette discipline contribuera sans l'ombre d'un doute à rentabiliser vos actions, votre temps et vos énergies. Vous ressentirez probablement plus de satisfaction. Étant vous-même satisfait, vous pourrez plus facilement vous préoccuper des intérêts d'autrui. Plus sensible aux autres membres de la famille, vous leur apporterez le soutien qui leur permettra peut-être de connaître la même satisfaction. Si vous disciplinez votre vie, vous aiderez les gens qui vous entourent à découvrir les avantages de cette discipline.

Salariat aux enfants

Comme la plupart des parents, vous serez éventuellement confronté, si ce n'est déjà fait, à l'épineux problème des récompenses monétaires. Certains parents se félicitent d'y recourir, d'en comprendre les fondements. La plupart des parents souhaitent que leur enfant acquière différentes bonnes habitudes: s'habiller tout seul vers l'âge de 4 ou 5 ans, déposer son linge sale dans le panier, consacrer un certain nombre d'heures aux tâches scolaires, assurer un minimum d'ordre dans sa chambre, ranger ses vêtements en rentrant l'hiver, et le reste. Tous ces comportements sont plus ou moins facilement acquis par l'enfant, l'adolescent ou l'adulte selon les dispositions de chacun et surtout dans la perspective des conséquences de ces comportements. Si, par exemple, l'enfant qui réussit à s'habiller seul jouit de l'approbation de son entourage sous forme de témoignages d'appréciation, de contacts physiques chaleureux, il sera incité tout naturellement à poser à nouveau le même geste pour bénéficier des mêmes conséquences agréables. C'est ce qu'on appelle du conditionnement opérant.

Le salariat ou la récompense monétaire n'est qu'une des conséquences agréables pouvant inciter un enfant à répéter un comportement. Or, lorsque les enfants sont en âge de découvrir la valeur de l'argent par l'utilisation qu'ils en font, ils n'hésitent pas à solliciter et même à harceler plus ou moins fréquemment les parents pour en obtenir. Cette démarche est tout aussi fréquente que naturelle dans notre contexte. Il n'y a pas lieu d'en dénoncer la pratique.

Le principe du salariat vient uniquement mettre un peu d'ordre dans tout ce brouhaha. Les enfants découvrent l'utilité de l'argent et cherchent à s'en procurer. Pourquoi ne pas associer l'acquisition d'argent à des comportements utiles pour l'enfant? Nous ferons ainsi d'une pierre deux coups. L'enfant pourra acquérir plus rapidement et plus adéquatement l'habitude de certains comportements tout en se procurant de l'argent de poche. Par ailleurs, en recourant au salariat, non seulement contribuons-nous à introduire une certaine discipline dans la vie des enfants et de la famille, mais, de façon plus importante encore à mon sens, nous faisons acquérir à l'enfant le sens des responsabilités. Il apprendra plus rapidement à analyser les avantages et les inconvénients rattachés à une multitude de comportements. "Oui, mais il risque de se mettre à calculer", me répondrez-vous. Eh! bien, oui. C'est exactement ce qui se passe chez une personne réaliste et soucieuse de ne pas poser de gestes inutiles ou trop peu avantageux pour elle. N'est-ce pas ce que vous faites lorsque vous songez à changer de travail, de voiture, de mobilier ou de projets de vacances? C'est là faire preuve de responsabilité. Vous êtes de toute façon sollicité par vos enfants qui veulent des sous. Pourquoi alors ne pas leur en fournir de façon à ce qu'ils apprennent quelque chose d'utile par la même occasion? L'argent est un puissant agent de motivation dont l'utilisation judicieuse peut améliorer l'éducation d'un enfant.

Certains parents répugnent à l'idée d'instaurer le salariat, craignant que l'enfant n'agisse qu'à la condition d'être payé. Cette crainte peut être réduite au minimum si les parents limitent le nombre des comportements assujettis à une politique salariale. Tout comme un employeur définit les gestes qu'il attend de vous en échange d'un salaire, il est avantageux de s'entendre avec l'enfant ou l'adolescent sur d'éventuels gestes monnayables. Le rendement scolaire, l'entretien de la chambre de l'enfant, l'attribution d'une ou de plusieurs responsabilités familiales (laver la vaisselle, desservir la table, assurer la garde des jeunes enfants lorsque les parents s'absentent, déneiger les entrées l'hiver, etc.) peuvent facilement se prêter à l'élaboration de contrats. Vous vous épargnerez de nombreuses et interminables discussions concernant entre autres l'épineux problème d'achat de vêtements pour vos adolescents. En prenant pour acquis que vous utilisez cette philosophie, l'adolescent qui voudra acquérir une paire de jeans dernier cri, devra examiner son budget, faire des choix, sacrifier des projets de moindre importance. Toute cette démarche d'évaluation lui sera profitable à lui et vous libérera, vous. Chacun assumera donc davantage son autonomie.

Connaître plusieurs des avantages du salariat familial ne règle pas tout. Il importe par ailleurs d'y recourir de façon intelligente si vous escomptez en retirer des bénéfices, en déterminant la nature et le nombre des comportements dont vous souhaitez le développement. Plus les enfants sont jeunes, plus il importe de réduire le nombre et le degré de difficulté de ces comportements. Lorsque vous aurez identifié le ou les comportements que l'enfant a avantage à apprendre, il suffit de lui expliquer calmement les buts que vous visez en agissant de la sorte. Il n'est pas indispensable d'obtenir son assentiment le plus empressé. Souvenez-vous qu'il est dans la nature humaine d'en faire le moins possible pour en retirer le plus possible. Les réactions d'opposition de l'enfant ou de l'adolescent deviennent prévisibles surtout lorsqu'il s'aperçoit qu'on lui demande de faire un effort là où auparavant peut-être on ne lui demandait rien. Le bénéfice immédiat pour lui est donc absent. Il protestera probablement. La voie de l'intérêt à long terme de l'enfant n'offre pas que des agréments: elle est même parsemée de nombreux inconforts. Comme adulte, vous êtes mieux placé pour situer son véritable profit; il est souvent plus lointain, et c'est parce que l'enfant ne le voit pas ou ne l'accepte pas qu'il s'oppose. Accepter son opposition vous assurera la tolérance nécessaire pour maintenir votre décision tout en sympathisant avec les sentiments que pourra vivre l'enfant ou l'adolescent. La confection de petits tableaux où l'enfant pourra suivre l'évolution de ses apprentissages est habituellement très stimulante pour lui tout en augmentant la clarté et la précision des objectifs poursuivis.

Les montants à verser représentent parfois une difficulté pour des conjoints désireux de respecter des principes d'équité. Ici encore la souplesse me semble préférable à l'application indifférenciée d'une tarification uniforme. Les enfants d'âges différents n'ont pas la même notion de l'argent, pas plus d'ailleurs qu'ils ne développent les mêmes intérêts. Il me semble plus opportun de tenir compte du développement de l'enfant que de discuter de justice distributive. Voilà pourquoi les heures de rentrée et de coucher ne sont pas les mêmes pour tous les enfants de la maisonnée. La distinction qu'opère un enfant de cinq ans entre une pièce de dix cents et une pièce de vingt-cinq cents est habituellement de l'ordre de la différence de grosseur beaucoup plus que de la différence de valeur. Il n'est donc pas contre-indiqué d'attribuer des montants variables pour une même tâche à deux enfants d'âge différent, le rendement du plus jeune étant habituellement inférieur à celui du plus âgé. Il pourrait être, par ailleurs, stimulant pour le cadet de bénéficier du même montant s'il fournit le même rendement que l'aîné. Le salaire est donc proportionné aux capacités et au rendement. N'est-ce pas le même principe que dans le monde des adultes?

Une formule quelconque de salariat n'a pas pour objectif l'abolition des formules usuelles de bénévolat ou d'échange de services, au contraire. Avez-vous perdu votre capacité de rendre service depuis que vous gagnez votre pain? Pourquoi la situation serait-elle différente pour vos enfants? Si tel devait être le cas, interrogez-vous avant de lui lancer la pierre.

Il est très avantageux d'apprendre à l'enfant à rendre service pour le seul plaisir que procure à long terme la reconnaissance, à la condition qu'il y soit sensible. Il le sera si vous prenez l'habitude de la lui manifester. Je recevais un jour en consultation un couple, Gilles et Louise, parents de Stéphane, sept ans. Ils ne savaient plus comment se comporter face à lui. "Il est devenu mesquin et égoïste, s'exclamait Louise; il refuse presque systématiquement d'effectuer quelque tâche que ce soit sans demander au préalable:"Combien de sous me donneras-tu, si j'accepte?" Quelques entrevues ont suffi à Gilles et à Louise pour réaliser qu'ils ne communiquaient pratiquement jamais leur satisfaction à Stéphane lorsqu'il accomplissait un bon travail, se contentant de maugréer en lui remettant une pièce de monnaie. Ils ont même reconnu avoir développé l'habitude d'éviter le plus possible de lui demander de rendre service pour le plaisir de la chose, anticipant un refus de sa part, si aucune allusion n'était faite à une récompense monétaire. Après réflexion, ils ont compris qu'ils avaient adopté une attitude rancunière face à Stéphane en lui refusant, avec le même entêtement dont était capable l'enfant, de lui rendre service lorsque ce dernier le demandait. Ils avaient pour principe que l'enfant se devait d'être au service de ses parents et ne devait pas attendre de générosité en retour. Gilles et Louise ont finalement compris qu'ils n'avaient réussi en somme qu'à enseigner la mesquinerie à Stéphane. Ils ont réalisé qu'un enfant, comme n'importe qui d'ailleurs, ne doit de reconnaissance à quiconque, fût-ce à ses parents. Pourquoi leur devrait-il reconnaissance: pour l'avoir mis au monde, s'être levés la nuit pour le border lorsqu'il était malade, s'être privés de sorties agréables pour s'occuper de lui, avoir renoncé à l'acquisition de certains biens matériels pour le "faire instruire"? Non, mille fois non. Si des parents éduquent des enfants, c'est d'abord pour satisfaire leur propre plaisir. N'oublions pas qu'aucun geste humain n'est désintéressé. Les bénéfices que retirent les enfants sont des conséquences secondaires par rapport à la satisfaction recherchée par les parents. Les enfants ne demandent pas à naître. Il est doublement déraisonnable d'exiger d'un enfant la reconnaissance quand ses parents ont joué un rôle négatif dans son développement.

Gilles et Louise appliquent aujourd'hui une philosophie beaucoup plus réaliste. Ils admettent maintenant que Stéphane ne leur doit rien du tout. Ils ont appris, non sans difficulté, à exprimer leur reconnaissance lorsque l'enfant consent à leur rendre un service. Ils ont surtout réussi à sensibiliser leur fils unique au plaisir engendré par un geste généreux, en s'efforçant d'abord de rendre des services à Stéphane lorsqu'il en fait la demande. Gilles et Louise acceptent maintenant ses refus occasionnels tout comme Stéphane réalise qu'il ne peut pas toujours compter sur la collaboration de ses parents. Le bambin s'est débarrassé de la mesquinerie, en bonne partie grâce à l'exemple de ses parents. Des ententes salariales précises et une certaine générosité coexistent désormais dans la famille.

L'application de toute cette philosophie gagnera en efficacité si elle est pratiquée dans le cadre de l'ouverture d'esprit et d'un dialogue franc. Plus les enfants grandissent, plus il est indiqué d'échanger avec eux sur la pertinence des objectifs que vous visez comme parents. S'ils sont d'accord pour poursuivre une telle démarche, votre travail n'en sera que facilité puisqu'ils se chargeront, parfois en bonne partie, de suivre leur propre évolution, de réclamer leur salaire et de fixer de nouveaux objectifs pour les semaines à venir. Rappelez-vous qu'ils seront d'autant plus favorables à cette approche éducative qu'ils en reconnaîtront au moins en partie les avantages. C'est à vous de recourir à vos talents de vendeur ou de vendeuse pour les faire ressortir. Vous pourrez ainsi vous libérer de la fastidieuse tâche consistant à suivre un enfant pas à pas pour le pousser comme un âne entêté. Il apprendra à se stimuler lui-même. Il vous restera, comme parents, à baliser le cadre de développement de l'enfant qui procède ensuite à sa propre éducation. C'est à vous de lui fournir les attitudes psychologiques favorables en lui donnant, par exemple, le petit coup de pouce occasionnel lui montrant votre intérêt pour son entreprise. Vous jouirez ainsi de plus de temps pour vous occuper de vous-même. Chacun des membres de la famille se charge donc de son propre développement tout en sachant qu'il peut compter sur l'apport occasionnel des autres lorsqu'il en fait la demande. L'autonomie de chacun est sauvegardée, et ainsi règne une atmosphère de respect et de cordialité entre les partenaires de l'entreprise familiale.

Vie privée des partenaires

Lorsque les deux conjoints travaillent à l'extérieur du foyer, il est normal que chacun recherche la solitude en rentrant le soir. C'est un exercice d'hygiène mentale fort salutaire au développement de chacun. Les soucis, tracas et préoccupations professionnelles sont autant d'occasions de tension. Il vaut la peine de prendre, lorsqu'on le désire, un temps d'arrêt en arrivant à la maison pour apaiser ses tensions. Si un des conjoints demeure au foyer, il est important qu'il n'interprète pas cette retraite comme un rejet mais comme un revitalisant pour le conjoint solitaire. Une telle confusion pourra être évitée si l'ouverture d'esprit des conjoints permet l'expression des désirs. Se nier ce droit l'un à l'autre risque d'entraîner des tensions additionnelles et ainsi d'aggraver ce qui pourrait n'être qu'un contretemps. Vouloir être ensemble tout le temps n'est pas l'élément déterminant d'un mariage réussi. Il y a des sociétés primitives pour qui l'isolement est même privilégié, où mari et femme ne mangent pas ensemble, ne se témoignent aucune marque de tendresse en public; et d'autres où les tabous sexuels imposent aux conjoints des séparations de plusieurs jours. Rien n'indique pour autant que ces mariages soient moins stables que les nôtres. S'il est déplorable que ces tabous réduisent le nombre des rapprochements agréables entre partenaires, vouloir nier le droit à l'autre de recourir régulièrement à la solitude constitue un autre tabou tout aussi déplorable. Un être humain ne peut pas tout donner tout le temps. Ce serait nier son besoin de ressourcement individuel. Moustakas (cf. 12) a montré que l'être humain poursuivait sa croissance dans deux voies: celle des rapports avec les autres et celle de la découverte de soi dans la solitude. Lorsque le cafard s'empare de nous, il peut être primordial de se retirer et d'ainsi se sortir du pétrin plutôt que de rechercher la bouée de sauvetage la plus facilement disponible que représente souvent le conjoint. L'absence de vie privée relève plus de la névrose que de l'affection.

Ce désir de solitude peut faire partie des conventions conjugales ou familiales. Les plus fortunés envisageront par exemple d'aménager une pièce insonorisée où un membre de la famille trouvera la quiétude propice à sa réflexion, détente ou relaxation. D'autres, moins avantagés matériellement, élaboreront un système simple d'avertissement (foulard rouge) signifiant à l'entourage leur désir de solitude. Plusieurs personnes pourront ainsi facilement se retrouver dans une même pièce, toutes désireuses de rechercher la tranquillité. Ce type d'arrangement peut sans doute éliminer un certain nombre de confusions engendrées par des messages ambigus.

Si le retour du bureau représente pour plusieurs un moment privilégié pour rechercher la solitude, d'autres préfèrent le matin au réveil. C'est le cas de certains adolescents entre autres. La même procédure peut s'appliquer de la même manière. Elle contribuera à éviter des malentendus ou une mauvaise interprétation de la mine renfrognée d'un enfant qu'un père affectueux cherche à faire sourire. Il s'agit en somme d'établir un système facilitant le décodage des désirs de chacun. Le respect de cette intimité rendra peut-être les échanges ultérieurs plus riches parce que mieux accueillis.

Cette recherche de solitude bienfaisante peut également prendre la forme de projets de vacances. Si elle apporte des bienfaits lorsqu'elle est pratiquée dans le lieu physique même où réside la famille, elle peut être tout aussi profitable à l'extérieur. L'évasion peut alors prendre la forme d'un week-end dans une station balnéaire, dans un chalet isolé ou dans un voyage auto-planifié. Ce n'est pas tant la nature ni le lieu du divertissement qui importe, mais la solitude qu'il favorise.

Si la solitude contribue à satisfaire un désir d'intimité avec soi-même, elle n'est pas la seule forme d'intimité recherchée par les partenaires d'un couple. La relation intime n'est pas réservée aux gens mariés ou vivant ensemble. La tendance à le croire provient probablement de l'identification déjà élaborée de l'échange interpersonnel avec l'accessibilité sexuelle. La vision traditionnelle de l'union conjugale a sans doute contribué à propager cette confusion. Si l'on désire à tout prix qualifier d'intime toute relation interpersonnelle débouchant sur un rapport sexuel, il faudra conclure que toute infidélité sexuelle à un conjoint constitue une relation intime et qu'en réserver l'exclusivité aux conjoints mariés se révèle impossible. La dimension sexuelle n'est qu'un des aspects de la relation intime. Ne confondons pas la partie avec le tout. Chaque fois que deux êtres humains entrent en contact étroit pour partager des données particulières et exclusives à leur relation, il y a intimité. Cette perspective prévoit donc l'absence de contact sexuel tout en reconnaissant le caractère intime d'un tel contact. Autrement, comment faudrait-il qualifier la relation très particulière qui s'établit entre un consultant et son client? Ce dernier révèle souvent pour la première fois de sa vie des aspects ou des informations à propos de lui-même n'ayant jamais été révélés à d'autres, pas même au conjoint. Vouloir nier ou réfuter le caractère intime d'une telle relation me semblerait aussi inopportun que de nier l'existence du terrorisme dans le monde. Si l'on accepte une définition aussi large de l'intimité, on reconnaîtra alors que chaque personne pourra nouer des relations intimes avec diverses personnes. Les conjoints qui auront compris cette réalité s'épargneront sans doute de pénibles sentiments de rejet en constatant que le conjoint entretient de tels contacts avec des ami(e)s du même sexe ou du sexe opposé. Contrairement à la croyance assimilant l'infidélité à une privation, la relation intime avec une tierce personne représente au contraire un enrichissement possible pour celui qui la vit, dont les retombées peuvent profiter au conjoint. Si le mari ou la femme trouve dans une relation intime un enrichissement personnel, en quoi cet enrichissement peut-il priver le conjoint? Le partenaire réaliste admettra plutôt que, dans la mesure ou le conjoint profite de ce contact, il ne pourra qu'en tirer lui-même profit, à moins que la relation conjugale soit déjà détériorée ou en voie de le devenir. De nombreux couples ont même profité de tels contacts pour réduire leurs difficultés. Nier les effets bénéfiques de tels contacts équivaut à nier l'utilité d'une relation professionnelle salutaire. Si des contacts intimes extraconjugaux tendent plutôt à favoriser la dislocation de l'union, il y aura lieu de s'interroger sur l'utilité de son maintien. Il n'est pas impossible, en effet, qu'un partenaire refuse d'investir dans une relation qu'il ne veut pas maintenir. Il peut lui être alors profitable d'en dissoudre les liens. Le conjoint attentif et autonome ne verra pas dans de telles amitiés une menace à son union. Il profitera plutôt de l'occasion pour respecter ce désir d'intimité dont il n'est pas le seul dépositaire.

Il est donc très difficile de concevoir une vie à deux heureuse sans la présence en chaque partenaire d'une capacité de se tenir debout chacun de son côté. Après avoir présenté plusieurs des aspects psychologiques de l'autonomie, nous en avons examiné certaines formes concrètes dans le partage des responsabilités domestiques, et dans l'éducation des enfants. Apprendre l'autonomie c'est "comprendre que l'autre n'est pas là d'abord pour satisfaire les désirs du partenaire... que l'attrait qu'éprouvent deux êtres ne supprime pas la responsabilité de chacun d'assurer son propre bonheur" (2, p. 136, 137). C'est dans le respect de cette autonomie que nous verrons maintenant comment la communication peut contribuer à l'épanouissement des conjoints.

Chapitre VI

Communication dans le couple

Vivre avec une autre personne est une entreprise difficile. Malgré l'existence d'une compatibilité parfois harmonieuse entre les conjoints, une préparation soignée et une phase d'expérimentation préalable, la vie à deux sans une habileté minimale à communiquer de façon constructive peut devenir un cauchemar. Comme l'huile d'un moteur, la communication lubrifie l'union entre les conjoints et lui assure des échanges réduisant les incompréhensions tout en facilitant l'engrenage des aspirations individuelles. Nous verrons comment l'autorévélation et les conflits constructifs peuvent faire la différence entre une union heureuse ou malheureuse. Le talent n'assure pas la compétence. L'aptitude à communiquer efficacement s'acquiert par la connaissance et l'exercice. Un candidat ou une candidate réaliste reconnaît qu'en ignorer les lois n'apporterait qu'incompréhension et désillusion.

L'autorévélation

Attardez-vous une bonne journée à observer autour de vous. Centrez votre attention du côté de la communication. Vous remarquerez probablement que notre façon de communiquer consiste dans une large mesure à deviner les sentiments, les désirs, les jugements ou appréciations des autres.

"Si Jacqueline m'en veut, c'est probablement parce que j'ai décliné son invitation la semaine dernière. Après tout, j'ai bien le droit de refuser une invitation. Que le diable l'emporte." Voilà comment débute parfois un conflit entre amis. Une simple hypothèse est envisagée comme une certitude. Voilà comment une supposition peut ternir une amitié.

Des études sur la communication ont montré notre tendance à surestimer notre connaissance du conjoint à cause justement de notre habitude à deviner plutôt qu'à vérifier. Pratiquer avec régularité cette mauvaise habitude entraîne la confusion dans les relations humaines. La supposition s'appuie sur une opinion plutôt que sur un fait. Communiquer sur la base de la supposition embrouille davantage un échange parfois déjà confus. Si vous recherchez une compréhension honnête de votre conjoint ou de toute autre personne, il vaut mieux laisser les suppositions aux tireuses de bonne aventure. Si, par contre, vous n'êtes pas certain de ce que vous avancez, il vaut mieux être prudent dans vos affirmations ou les vérifier auprès de votre conjoint. "J'ai l'impression que tu as tendance à te faire du souci lorsque je pars pour une excursion de chasse; est-ce exact, Louise?"

Si nous laissons tomber les suppositions, quel moyen nous reste-t-il pour nous faire connaître à l'autre? La méthode la plus simple et probablement la plus efficace est la révélation. Se révéler consiste simplement à identifier et à exprimer les dispositions émotives, les préoccupations intellectuelles ou les fantaisies qui nous habitent. "Quelle bande d'irresponsables représentent nos gouvernants" pourrait simplement se traduire par: "Je suis inquiet devant la situation sociale actuelle". Se révéler c'est faire tomber les masques d'hostilité, de culpabilité et d'anxiété souvent portés par crainte de paraître faible. La véritable faiblesse n'est-elle pas celle qui précisément cherche à se cacher? La révélation au contraire se préoccupe d'identifier la vérité. Si votre conjoint vous demande de lui faire part de votre intérêt à collaborer à un projet, quel avantage voyez-vous à lui cacher vos véritables dispositions? Lui mentir risque de vous entraîner dans un dédale de complications aussi inutiles que désagréables. La sécurité personnelle ne nous suggère-t-elle pas au contraire d'affirmer nos véritables dispositions afin justement d'éviter ce labyrinthe d'incongruités? C'est à l'enseigne de la vérité que se loge la force. Cette franchise vous incitera plutôt à faire le bilan intérieur de vos caractéristiques. Pratiquer la franchise pourrait avoir comme conséquence de vous permettre d'assainir vos rapports humains. La révélation recherche simplement la compréhension. Comment arriver à vous faire connaître, à faciliter aux autres la compréhension de vos attributs si vous leur offrez des masques? Vous ne seriez sans doute pas étonné que des amis, même intimes, ne vous reconnaissent pas si vos traits véritables étaient habilement dissimulés derrière un déguisement réussi. Nous revêtons souvent de tels déguisements dans notre communication tout en recherchant paradoxalement la compréhension limpide. Nous poussons même très souvent l'illogisme jusqu'à blâmer les autres de ne pas comprendre nos messages confus.

Prendre l'habitude de faire la critique de nos propres agissements et attitudes et en instruire les autres nous permettrait probablement d'acquérir l'assurance nécessaire pour affronter les critiques des autres. Si nous procédions à un examen minutieux de nos propres caractéristiques, l'analyse qu'en feraient les autres nous effraierait sans doute moins. Tel est l'objectif de la révélation. Avant d'acheter une marchandise, surtout coûteuse, vous prenez probablement soin d'en examiner les caractéristiques afin d'augmenter vos chances d'apprécier votre achat. Vous contribuez ainsi à préciser votre opinion et à assurer votre décision, consolidant par la même occasion votre plaidoyer face à d'éventuelles critiques. L'autocritique facilite donc notre propre compréhension de nous-mêmes tout en facilitant celle des autres.

Dissipons tout de suite cependant la confusion qui pourrait subsister dans votre esprit quant à la pertinence de vous révéler complètement à tout le monde. Il serait, en effet, imprudent et souvent inutile de vous faire connaître de tout le monde avec la même ouverture. Attardez-vous spécialement à l'apprentissage de la révélation envers le conjoint, de qui vous recherchez principalement la compréhension et l'affection. Quant à votre patron, votre belle-soeur ou votre gérant de banque, il vous sera toujours loisible d'appliquer envers eux la même démarche si l'estime de ces personnes vous tient particulièrement à coeur.

S'ouvrir à un être humain envers qui vous éprouvez un attachement favorisera votre propre connaissance de vous-même tout en favorisant la compréhension de soi pour l'autre. Ainsi lorsque nous décrivons avec précision à un commerçant les caractéristiques d'un vêtement recherché, nous contribuons à mieux identifier ce que nous cherchons tout en lui facilitant la compréhension de notre désir. Il en est de même avec le conjoint. Une telle attitude consacrera l'intimité vous liant à votre conjoint et diminuera la crainte du jugement de l'autre.

En quelles circonstances sommes-nous disposés à porter des jugements catégoriques? N'est-ce pas surtout lorsque nous sommes insuffisamment informés? Plus nous possédons d'éléments, plus les chances d'une appréciation nuancée augmentent. L'ouverture à l'autre placera cet autre dans une position plus précaire pour porter des jugements s'il est mieux informé. Quelle meilleure façon de prouver notre attachement à un être cher que de faire les premiers pas par notre révélation? L'ouverture ainsi manifestée augmentera probablement l'intimité des conjoints. Cependant, l'efficacité de la révélation dépend en bonne partie de son utilisation adéquate. O'Neil et O'Neil (9) proposent cinq principes pour rendre son application rentable. Ce sont: !a compréhension du contexte, la minute psychologique, la clarté des communications, l'écoute active et l'alimentation. Nous examinerons maintenant les grandes lignes de chacun de ces principes.

a) Compréhension du contexte

On a beau être animé des meilleures intentions du monde dans le désir d'ouverture, celle-ci ne convient pas en tout temps. C'est ce que le langage spécialisé appelle avoir un bon "timing". Il n'est pas profitable de tout dire en tout temps. Une évaluation du contexte permettra de déterminer le moment propice à la révélation. Votre époux, par exemple, rentre le soir, l'air grave et préoccupé. Une boutade de votre part risquerait de produire un effet différent de celui que vous recherchez, simplement parce que les dispositions dans lesquelles se trouve le conjoint se marient mal avec votre espièglerie. Il est alors préférable de s'abstenir quitte à y revenir dans un contexte plus propice. Si tant de gens éprouvent du plaisir à assister au numéro d'un fantaisiste ou d'un monologuiste, c'est parce qu'au départ leurs dispositions sont accueillantes à leurs plaisanteries. Si vous quittez un salon funéraire où gît un ami cher, et qu'ensuite vous allez assister au même spectacle, il est probable que votre appréciation sera différente. Une plaisanterie ne représente souvent qu'une banalité dans l'histoire d'une vie conjugale, me direz-vous. L'histoire d'un couple est précisément constituée d'une série de banalités. le manque fréquent de "timing" engendrera tout simplement la fermeture plutôt que l'ouverture. La détection du contexte favorable est rendue possible grâce à l'attention particulière apportée aux indices non verbaux de la personne à qui nous voulons faire des confidences: regards qui se croisent fréquemment, regards prolongés ou rapprochements physiques. Dans le doute, il vaut mieux s'abstenir et chercher à sonder l'état du partenaire avant de lancer une boutade. Attendez le bon contexte, le bon moment.

b) *La minute psychologique*

Un deuxième principe à respecter pour conférer à l'autorévélation son pouvoir de rapprochement consiste à savoir reconnaître la minute psychologique. Lorsque vous aurez réussi à identifier un contexte favorable à l'échange, il sera important de préciser à quel moment du contexte il convient le mieux de vous révéler. Même si votre partenaire présente tout les signes favorables à un échange intime, il est possible qu'il ne soit pas disposé à entendre le contenu de votre révélation. Une période de réchauffement ou de préparation pourrait en favoriser la réception. Il est sans doute préférable d'éviter de révéler une chose triste au conjoint alors qu'il s'amuse à badiner avec vous ou avec d'autres personnes. Il est à cette occasion plus réceptif à une forme différente d'échange: celle de la taquinerie. Les enfants sont particulièrement habiles à appliquer cette technique, mais à l'inverse du but que poursuit la révélation. L'enfant cherchera à aborder son père ou sa mère, affairé à autre chose, pour lui arracher une permission ou un objet qu'il n'obtiendrait pas si le parent était pleinement attentif à ce qui lui est demandé. Pour se débarrasser de l'enfant, le père ou la mère acquiescera à sa demande sans trop en analyser la portée. L'enfant s'en tire donc avec les honneurs de la guerre tout en l'ayant habilement évitée. C'est ce type de minute psychologique auquel il est fait allusion ici. Il s'agit de l'appliquer, mais de façon positive, alors que l'enfant y recourt par la manipulation. "Tu sembles préoccupé, Marc, veux-tu me faire part de tes soucis?" Voilà un exemple de minute psychologique.

c) *Clarté de la communication*

Le troisième principe sous-jacent à l'utilisation efficace de la révélation est la clarté des communications. Dieu sait si nous sommes des champions de l'imprécision lorsque nous nous adressons au conjoint ou à tout autre proche à qui nous livrons des sentiments. Faire subir un interrogatoire à un conjoint ou à un enfant dans le but de lui faire avouer un mensonge ou une tricherie que nous connaissons, en est un exemple. Cette démarche, en plus d'être inutile, cache toujours une préoccupation plus importante. Exiger des aveux voile à peine une attitude de reproche que l'intonation de la voix, la posture et la mimique trahissent invariablement. Le conjoint percevra clairement l'acharnement de l'autre à remettre en cause son jugement. Il se sentira envahi sur son propre territoire; la riposte sera automatique. Le partenaire attaqué réagira avec une ardeur égale à celle que vous déploierez pour l'agresser, écartant par la même occasion ce que vous cherchez à obtenir. Un tel aveu représenterait une capitulation à laquelle il risque de ne pas consentir. Lorsque vous sentirez cette hostilité vous envahir, prenez le temps de réfléchir à une formule dont le blâme sera absent. Dites clairement ce qui vous préoccupe plutôt que de perdre votre temps à des reproches. Le blâme interrompt la communication plus qu'il ne la facilite. Dans l'exemple du conjoint trompé, il vaudrait mieux dire: "Je suis profondément désemparé de la découverte que j'ai faite. Je souhaite que tu me fournisses des explications précises au sujet de ton aventure avec cette femme." La révélation ne contient aucun reproche et, sans nécessairement approuver ses actes, respecte le conjoint. Celui-ci n'est pas attaqué dans sa personne. Ce sont ses agissements qui préoccupent le partenaire désireux de comprendre et non d'accuser. Si vous vous sentez disposé à dire des paroles grossières, il vaut mieux vous abstenir; vous ne feriez qu'attiser un feu déjà brûlant. Si vous êtes furieux(se), exprimez votre fureur, non vos reproches. C'est ce que Ginott (cf. 9) appelle la technique "du dire ce que l'on voit ou ce que l'on sent" sans critiquer. "Je ne suis pas d'accord avec ta façon d'agir avec le petit; je souhaite en discuter sérieusement avec toi." Cette technique permet au révélateur de souligner ou de déplorer la différence des points de vue plutôt que de nier le droit à l'autre d'avoir un point de vue divergent. C'est toute la différence de l'acceptation et de la non-acceptation, cette dernière ayant la fâcheuse propriété de favoriser la rupture du contact. Préparez-vous si nécessaire par écrit afin de préciser le plus possible le contenu de ce que vous voulez révéler. Si vous vous abstenez de blâmer, vous demeurerez sur votre territoire. L'affrontement est donc considérablement réduit. Vous témoignerez en même temps de votre respect pour l'identité de l'autre. Rappelez-vous que votre objectif est de conserver ce partenaire auquel vous tenez. Lui manquer de respect par des reproches répétés et incisifs risque de vous le faire perdre à plus ou moins longue échéance. Il vous sera plus profitable, si vous souhaitez maintenir votre union, de faire éclater votre douleur en l'exprimant clairement et sincèrement. Vos chances d'atteindre la sensibilité de votre partenaire seront meilleures et vous vous épargnerez une vaine défense.

"En nous pliant au code des bonnes manières et aux embarras chichiteux du savoir-vivre conventionnel, nous avons perdu le langage intime de nos sentiments. Nous avons laissé, une fois pour toutes, aux poètes et faiseurs de chansons, la tâche d'exprimer notre joie ou notre déception, notre désespoir ou notre exaltation. Évidemment, chacun de nous, selon sa race ou sa personnalité propre, est plus ou moins expressif mais, de toute façon, le langage de l'émotion, après avoir été sacrifié sur l'autel du conformisme, gît désormais sous le catafalque de la confusion la plus pure (9, p. 112)."

d) Écoute active

Le quatrième principe indispensable à l'efficacité de la révélation est l'écoute active. Nous aurons beau nous morfondre à exprimer dans un vocabulaire précis des sentiments touchants et intenses, si nous nous adressons à un auditeur inattentif, nous perdrons probablement notre temps. Écouter semble la plus élémentaire des démarches à faire lorsqu'une personne parle. Elle n'est pas pour autant monnaie courante.

Il existe différents types d'écoute n'exigeant pas toutes les mêmes capacités. Le premier type en fait ne représente qu'une écoute distraite puisque les interlocuteurs s'expriment à tour de rôle, s'interrompent fréquemment et abordent même parfois deux sujets différents. C'est ce que j'appelle des monologues collectifs ou ce qu'Abraham Kaplan (cf. 9) appelle le duologue consistant à s'écouter soi-même plutôt qu'à écouter l'autre. C'est le genre de situation où nous racontons à notre confrère de travail comment nous nous y sommes pris pour obtenir des réductions de primes sur une assurance-automobile. Nous n'avons pas terminé notre explication que notre interlocuteur enchaîne sur ses propres ennuis avec son assureur. Le seul lien existant entre ces deux personnes est l'identité de sujet de conversation. Chacun est préoccupé d'exprimer un contenu sans être réceptif au vécu de l'autre. C'est un échange axé sur le contenu.

Le deuxième type d'écoute met en présence deux personnes dont l'une s'intéresse aux propos de l'autre. La première s'abstient donc d'interrompre la révélation de la deuxième. Elle s'efforce même de répondre aux questions du révélateur et enchaîne en tentant d'apporter des explications aux questions qu'elle se pose. C'est un type d'écoute mettant en évidence un désir de communion (Kaplan, cf. 9). La première personne manifeste par son écoute et son intérêt une sympathie pour la révélation de l'interlocuteur. L'intérêt de ce type d'écoute reste encore largement centré sur le contenu de la communication plutôt que sur son vécu.

Le dernier type est l'écoute active. Elle consiste à identifier la nature de l'émotion et à jauger son intensité par une reformulation correspondant précisément à la nature et à l'intensité de l'émotion vécue par la personne qui se révèle. C'est ce que Rogers et d'autres auteurs ont appelé l'empathie, cette capacité à percevoir ce que vit une autre personne. Si Gaston arrive à la maison le soir, sans saluer, déployant lentement le contenu de sa mallette, la mine piteuse, Claudette amorcera un échange en disant: "Ça ne va pas, Gaston?", même si Gaston n'a pas dit un seul mot. Gaston, se sentant rejoint dans ses émotion, répondra spontanément: "En effet, ça ne va pas du tout, je viens d'apprendre que je suis muté." L'écoute est active parce que l'auditeur prend l'initiative d'exprimer au révélateur des émotions que le révélateur n'identifie pas ou n'exprime pas très clairement. Je me rappelle les premières heures d'entraînement à motocyclette d'Odette. Témoin de ses efforts, je remarquai sa tendance à appliquer brusquement les freins lorsqu'elle voulait s'arrêter, manoeuvre qui risquait de l'entraîner dans une chute. Un jour qu'elle répétait ce geste, je lui exprimai ceci: "Tu me sembles inquiète lorsque vient le temps d'appliquer les freins, comme si tu craignais une chute, est-ce exact?" Esquissant un sourire spontané, elle me répondit: "C'est exactement ce que je ressens et, en y pensant bien, je réalise qu'il me serait peut-être plus utile de songer à ralentir avant de songer à m'arrêter." Mon intervention transparente lui avait servi à mieux comprendre ce qu'elle vivait. Cette écoute est donc substantiellement différente de l'écoute passive qui ne fait qu'accuser réception de la révélation.

e) L'alimentation

Il nous arrive fréquemment dans nos interactions de signifier à l'autre notre désir d'écouter simplement par notre regard, un signe de tête ou une posture physique invitante. Il arrive souvent également que nous répondions par un signe de tête ou un murmure alors qu'une réponse plus élaborée manifesterait une plus grande ouverture et ferait mieux réaliser au partenaire notre compréhension de son vécu. Un simple hochement de tête ne montre pas toujours une compréhension nette des émotions de l'interlocuteur. La communication peut être considérablement abrégée de ce simple fait. Une "alimentation" appropriée peut s'illustrer de la façon suivante: votre partenaire commence une révélation après que vous lui avez signifié verbalement et non verbalement votre disposition à l'écouter. Il engage la communication. Dans les premières minutes de cette écoute, de courtes indications verbales (comme un oui, oui, hm... hm..., ou "je crois comprendre"), ou non verbales, par une observation systématique des yeux du révélateur avec très peu de mouvements du corps, suffiront à lui montrer votre intérêt. Par ailleurs, un certain temps après que le révélateur aura amorcé sa révélation, il sera opportun que l'interlocuteur attentif profite d'un léger répit du révélateur pour faire un résumé de ce qu'il vient d'entendre. C'est ici précisément qu'il fera la preuve de son empathie, de sa capacité à bien saisir les émotions du révélateur. Cette démarche ne peut être réalisée sans un minimum de débit. Comment permettre au révélateur d'apprécier votre compréhension de son état intérieur si vous ne parlez presque pas? Si votre résumé s'avère incomplet, le révélateur le complétera tout en étant en mesure d'évaluer votre degré de compréhension. Si vous l'avez perçu avec précision, il poursuivra en approfondissant sa propre exploration. Cette démarche d'écoute active, pratiquée régulièrement, permet de raffiner l'acuité empathique.

L'autorévélation est au surplus difficilement concevable sans recours à ce que Gordon(6) a appelé les messages "je". Le "je" est l'indicateur de l'appropriation du message que nous voulons bien faire. Il évite toute confusion avec un quelconque autre porte-parole. Il est évidemment beaucoup plus compromettant que les vagues expressions impersonnelles "on dit que", "on pense", "il paraît que", "il se pourrait que". Lorsque nous songeons à révéler au conjoint quelque préoccupation, nous serons davantage portés à livrer nos interprétations des événements ou des comportements des autres. Recourir au message "je" invite les partenaires à regarder dans la même direction, celle de la compréhension plutôt que celle de l'affrontement comme le favorisent les formules d'évaluation. Cette attitude respectueuse ne conteste ni l'existence ni la légitimité de ces actes. L'appropriation par le message "je" ne fait que décrire les états émotifs intérieurs qu'occasionnent de tels actes. Ces révélations ne constituent pas une menace pour l'autre. Acquérir l'habitude d'utiliser le "je" nous invitera à chercher en nous-mêmes les significations qu'on a si souvent l'habitude de prêter à d'autres au détriment de la clarté des problèmes à élucider.

Ouverture totale ou réaliste

Si j'ai mentionné précédemment que l'ouverture constituait un instrument précieux et unique dans l'épanouissement du couple, elle n'en n'est pas moins contre-indiquée dans de nombreuses occasions. J'aimerais revenir sur cette nuance. L'apprentissage de l'ouverture amène une personne à préciser ses désirs et ses actions. Une bonne partie de cette recherche s'attarde à faire fructifier les liens amoureux et affectueux qui unissent les conjoints. Cette recherche du bonheur et de l'épanouissement ne se limite pas à l'intérêt pour le conjoint. Il est privilégié mais non exclusif. Les intérêts de chaque conjoint se manifestent dans une multitude d'autres directions comme les activités professionnelles, artistiques, sportives et récréatives. L'intérêt pour le conjoint ne vient pas supprimer celui que les conjoints peuvent témoigner à d'autres personnes des deux sexes. Cette question de l'exclusivité affective et sexuelle a été largement abordée dans les chapitres précédents. Ceci étant acquis, où commence et où s'arrête l'ouverture au conjoint lorsqu'une relation d'amitié profonde lie l'un des conjoints ou les deux à des tiers? Si la franchise et l'ouverture caractérisent la confiance et le respect, il ne faudrait pas surestimer les capacités de tolérance et d'acceptation du conjoint même si ces limites peuvent être en fait fort étendues. Tenir compte des limites du conjoint dans une démarche d'ouverture me semble être une nouvelle marque de respect à son endroit. Nourrir un amour amical chaleureux pour le conjoint tout en nouant occasionnellement des liens érotiques ou ludiques avec un autre partenaire n'est pas encore tout à fait la marque de commerce de la tolérance conjugale occidentale. Prendre prétexte de l'ouverture de votre union pour tout révéler quel que soit le contenu de cette révélation est une perspective sans doute compréhensible mais néanmoins imprudente. Souvenons-nous que nous sommes des humains imparfaits et donc susceptibles de refuser d'emprunter le chemin idéal. Il serait malheureux de compromettre une union riche et satisfaisante pour la seule action d'un principe. Si l'exercice physique est incontestablement bénéfique et souhaitable pour le bien-être du corps, il n'est pas approprié à toutes les conditions physiques. Il ne nous viendra pas à l'esprit de révéler tout le contenu de nos connaissances de la sexualité à un enfant. Vous vous limiterez comme moi sans doute à répondre à ses préoccupations. Cette démarche n'élimine pas pour autant l'ouverture franche et honnête dans votre contact avec lui. C'est par respect pour son développement que vous introduisez des limites à votre ouverture. Pourquoi l'adulte, même mûr, devrait-il tout comprendre, tout accepter? C'est faire preuve de naïveté que d'accepter de payer ce prix. Si l'ensemble des êtres humains faisaient preuve d'une grande tolérance, l'application plus complète du principe d'ouverture serait peut-être souhaitable. Reconnaissons cependant que nous n'en sommes pas encore là et qu'il vaut probablement mieux mesurer son attitude d'ouverture dans le domaine de l'intimité sexuelle et affective. Autant elle peut favoriser le rapprochement des conjoints quand elle est pratiquée en temps et lieu, autant elle peut le mettre en péril si les conjoints n'y sont pas préparés. Tous les couples ne sont pas prêts à accueillir sereinement de telles révélations. Ils n'ont pas tous compris, loin de là, qu'il n'y a pas d'incompatibilité entre l'amour érotique, l'amour ludique ou l'amour altruiste, mais qu'ils peuvent au contraire se compléter avantageusement. Il est donc préférable, si votre conjoint est rébarbatif à ce genre d'expérience, de garder pour vous ce secret quitte à lui en révéler le contenu si jamais votre cheminement de couple le justifie. D'ici là, réservez votre ouverture à d'autres dimensions de votre vie à deux.

Conflits constructifs

Il est illusoire de croire que la communication humaine n'est efficace que lorsqu'elle est paisible et chaleureuse. Il est possible d'adopter des attitudes constructives tout en étant sous l'emprise d'une certaine tension. Songez, par exemple, au capitaine d'un navire ou au pilote d'un avion en difficulté, et vous aurez une bonne idée des tensions auxquelles sont soumis ces hommes lorsque la sécurité de leurs passagers est mise en péril. Ils ont à prendre des décisions rapides et efficaces. Les conjoints aux prises avec des difficultés sérieuses sont parfois placés dans un contexte comparable.

Les Drs G.R. Back et P. Wyden (cf. 9) se sont attardés à ces considérations et ont identifié des conditions favorables à la résolution de tels conflits. Ce sont: l'expression des tensions, l'identification d'un problème actuel, les motifs de discussion du problème, la franchise et l'absence du désir de vaincre l'autre.

a) Expression des tensions

Le premier indice d'un problème majeur entre deux conjoints est souvent l'expression d'hostilité. Chacun est en mesure de souligner un problème sérieux mais n'ose pas l'aborder en croyant à tort qu'il disparaîtra avec le temps. C'est prêter au temps un pouvoir magique qu'il n'a pas. Le problème continue d'exister et s'envenime la plupart du temps, d'une part parce qu'il n'a pas été clairement et ouvertement abordé, et d'autre part parce qu'aucun moyen sérieux n'a été mis en oeuvre en vue d'une solution. Survient un événement déterminant, la goutte fait déborder le vase et voilà l'explosion. Compte tenu de notre entraînement développé à blâmer les autres pour nos ennuis, nous exprimons notre hostilité en reprochant à l'autre une négligence, un oubli ou une manifestation d'irresponsabilité. De telles décharges d'hostilité ne contribuent en général qu'à compliquer davantage le problème parce que l'hostilité s'adresse presque toujours à l'intégrité intime de l'autre plutôt qu'à ses actions. Il est donc préférable de communiquer notre profonde déception avec toute l'énergie dont nous sommes capables tout en évitant de blâmer. Remarquez que je ne suis nullement en train d'affirmer qu'il ne faut pas être hostile. J'évoque uniquement les désavantages de l'expression de l'hostilité. N'étant régi par aucune obligation, vous avez le droit de faire tout ce que vous voulez. Je tiens simplement à préciser que de telles scènes ne produisent généralement pas les effets escomptés. Pour cette raison il vaut mieux les éviter en supprimant la croyance qui les cause et selon laquelle les gens et les événements devraient se comporter et se produire comme nous l'entendons. Cette croyance constitue évidemment une erreur puisque, si cette prétention était exacte, les contrariétés ne se produiraient pas. Si elles se produisent c'est donc que rien ne s'y oppose. Voilà la loi de la réalité même si nous en déplorons l'existence. Par ailleurs, à défaut d'avoir réussi à libérer notre esprit de toutes les exigences contrariées qui causent ces hostilités, il vaut mieux ventiler celles qui nous étouffent. Les refouler en niant leur existence ne procurera à la longue qu'ulcères et insomnies. Les exprimer en évitant de blâmer sera bienfaisant pour nous-mêmes et augmentera les chances d'une solution. Cette colère, nous faisant reconnaître l'existence d'un problème, aura comporté au moins un avantage.

La libération des tensions permet souvent d'en mesurer la nature et l'étendue. En effet, si le conjoint profite de l'occasion pour se "vider le coeur" d'une quantité considérable d'autres situations problématiques de moindre importance, cette libération sera utile. "J'en ai assez de l'habitude que tu as prise de m'humilier devant des amis. Qu'est-ce que tu as sur le coeur? Vide ton sac une fois pour toutes afin que je comprenne pourquoi tu fais autant d'allusions désobligeantes à mon sujet. Ma tolérance a des limites et je t'engage à me fournir des précisions. Alors, qu'en est-il?" Cette décharge de tension risque de favoriser la prise de conscience d'un problème.

Lorsque les conjoints ont ainsi convenu de l'existence d'un problème majeur, il leur est plus facile d'en discuter sur-le-champ. Cette suggestion n'est cependant pas toujours facile à appliquer; l'occasion d'approfondir de tels problèmes ne survient pas toujours à des moments opportuns. Si le chat sort du sac pendant le déjeuner, vous n'aurez probablement pas beaucoup de temps devant vous pour aborder un problème crucial. Il peut être alors préférable d'en reporter l'analyse à un moment de la journée ou de la semaine où chaque partenaire disposera de suffisamment de temps pour exprimer ses griefs. La spontanéité perdue sera éventuellement remplacée par une attitude plus modérée. Une réflexion personnelle aura permis d'aborder d'autres aspects.

b) L'identification d'un problème actuel

La seconde condition favorable à la solution d'un conflit est l'identification d'un problème actuel(9). La tendance à revenir dans le passé survient souvent lorsque l'un des conjoints est accusé. Pour se défendre, il ressasse de vieux souvenirs pour tenter de prendre à son tour son conjoint en défaut. Cette tentative est largement favorisée par la conception traditionnelle du mariage enfermant dans des rôles les comportements des conjoints. Si l'homme est accusé d'avoir manqué à son rôle de pourvoyeur, il cherchera par la même tactique à mettre en lumière chez sa femme un manquement à son rôle de ménagère. Nous risquons alors d'assister à une escalade où chacun tentera de démontrer la plus grande gravité du manquement de l'autre. C'est le désir de vaincre l'autre que nous verrons un peu plus loin. Cette tactique contribuera à éloigner les conjoints de leurs préoccupations initiales. Même s'il est fort tentant d'utiliser le passé comme munition pour mitrailler l'autre, il vaut mieux s'abstenir de succomber à cette tentation. Vous voulez régler un problème actuel; vos digressions risquent de vous éloigner considérablement de votre mire initiale tout en vous entraînant dans une confusion totale. Cette démarche est stérile puisque nous n'avons d'emprise ni sur le passé, ni sur le futur. Il est vain, par conséquent, de s'invectiver mutuellement à propos de problèmes passés, à moins qu'ils ne se perpétuent encore maintenant. Prenez-en votre parti pour ce qui est du passé et mobilisez plutôt vos énergies à trouver des solutions à ce qui nuit à votre épanouissement actuel.

c) Préciser les motifs de la discussion

La troisième étape consiste à préciser les motifs incitant chaque conjoint à s'asseoir pour aborder une difficulté. Il peut être utile pour les deux de conclure à l'existence d'un problème, mais dans quelle mesure est-il sérieux? Il est inutile de prendre tant de soin à orchestrer les conditions d'une explication si son contenu ne doit concerner que des banalités. Certes, les gestes anodins cachent parfois des intentions ou exigences beaucoup plus sérieuses sinon évidentes au premier coup d'oeil, mais il est inutile de gaspiller de précieuses heures à aborder des ennuis secondaires dans des luttes ridicules pour aboutir à des conclusions insignifiantes. S'engager dans une telle démarche discréditerait aux yeux des conjoints le recours à une telle mise en scène. Ils finiraient par en abandonner la pratique, se privant ainsi d'un instrument précieux dans l'éventualité d'une difficulté grave. Si pour la xième fois vous constatez, madame, que votre mari donne à votre fils de l'argent que ce dernier utilise pour se procurer les bonbons que vous veniez tout juste de lui refuser, il peut être opportun de vous opposer vigoureusement à cette tendance du conjoint à contredire votre attitude envers l'enfant. D'apparence anodine, le geste du père peut révéler une divergence marquée dans la philosophie d'éducation des enfants, ce qui est beaucoup plus sérieux. Il n'est donc pas superflu en pareille circonstance de s'arrêter, de prendre conscience du problème et de fixer une période pour l'aborder.

d) La franchise

La quatrième condition a déjà été largement abordée jusqu'à maintenant: la franchise. Il est difficile d'imaginer pouvoir régler un problème prétendument sérieux si chaque partie ne joue pas cartes sur table. De deux choses l'une: ou bien le problème n'est en fait que d'une importance secondaire, ou bien l'une des parties est de mauvaise foi. Dans une pareille éventualité, ce manque de franchise pourrait être l'objet de la résolution et non le prétexte l'ayant amené. "On doit être transparent quand on communique où on est et candide quand on signale où l'on veut aller" (9, p. 119). Il n'est pas question ici d'assimiler la manipulation délibérée à la franchise partielle dictée par la sagesse. Si la première est malicieuse, la seconde peut être réaliste.

e) Renoncer au désir de vaincre l'autre

La dernière condition favorable à l'apparition d'une solution est l'absence de visées triomphatrices. Si les conjoints s'engagent dans une démarche visant à résoudre des conflits entre eux sur la base d'une rivalité, l'entreprise échouera. La rivalité suppose la recherche d'un gagnant et, par conséquent, d'un perdant. S'il y a un perdant, c'est le couple qui perd parce que la rancune du perdant entraînera une tension dont les partenaires souffriront. "La seule façon de gagner dans des relations intimes est de gagner tous les deux" (Back, cf. 9). Si les deux ne gagnent pas, les deux perdent. Si chacun renonce à vaincre l'autre, l'enjeu de leur démarche sera une compréhension nouvelle de leur vie conjugale, une harmonie accrue et, par conséquent, un plaisir plus considérable à vivre ensemble. Renoncer à gagner, c'est promouvoir une conception d'égalité entre les partenaires. Si cette conviction d'égalité est profonde, il n'y aura pas d'agression. Deux êtres libres et autonomes ne recherchent que des solutions utiles. Cette démarche me rappelle le film *Perdu dans les Andes* où l'on retrouve une équipe d'athlètes décimée à la suite de l'écrasement de l'avion qui les transportait. Les survivants engagent une lutte contre la mort, tous animés d'un profond désir de rester en vie. La chasse aux solutions n'est pas facile, mais chacun renonce à se tirer d'affaire aux dépens des autres. Si la rivalité s'était installée, ils auraient probablement tous péri dans leur lutte contre les intempéries et contre les autres. Tous les individus physiquement aptes à survivre ont survécu grâce justement à leur objectif commun: survivre. Dans une telle optique, la communication devient "éducative et fortifiante". Chacun y gagne une capacité accrue à résoudre des problèmes communs. La confiance de chacun s'accroît de même que sa capacité à relever d'autres défis.

Résolution de conflit

Si Back (9) a davantage mis l'accent sur le contexte entourant le vécu des conjoints engagés dans un conflit, Gordon (6), lui, s'est attardé à préciser les étapes de solution du problème lui-même. Il convient de préciser ici que la méthode de solution d'un problème sans perdant ni gagnant n'est pas réservée qu'aux conjoints. Elle est applicable à toute situation problématique mettant en cause des relations interpersonnelles. Ces étapes sont: l'identification du problème, l'énumération spontanée de solutions, l'analyse de ces solutions, l'élaboration du compromis, l'attribution des responsabilités et l'évaluation. Nous aborderons maintenant chacune des phases de la résolution du problème.

a) Identification du problème

La première démarche suggérée consiste à engager une discussion visant à préciser la nature du problème. S'il n'est pas clairement identifié et précisé, toute la suite de la démarche sera faussée, d'où l'importance de s'assurer de la réalité du problème cerné. S'attarder à des comportements précis et clairement décrits facilitera la démarche et conduira chacun à exprimer ses sentiments occasionnés par les gestes de l'autre. Ainsi, Louise exprimera son agacement lorsque Jacques la blâmera des retards occasionnels des repas parce qu'elle s'occupe des leçons et devoirs des enfants en rentrant du travail. Nous avons ici une description claire et précise du comportement problématique. Il n'y a pas de digression, d'envolée moralisatrice ou de blâme. La nature du problème est précisée sous la forme d'une description du comportement à modifier. Le partenaire s'attarde à un comportement ici et maintenant. Le désir de changement ne concerne pas toute la personnalité de l'autre mais un aspect très particulier de son agir.

b) Énumération spontanée de solutions

La deuxième démarche s'attarde à l'énumération spontanée de solutions. Il est fortement suggéré de s'assurer que les solutions apportées par chaque conjoint soient notées afin de veiller à ce que des propositions éventuellement satisfaisantes ne soient pas oubliées. Cette démarche permet également à chaque partenaire de participer au processus, lui évitant ainsi l'occasion de croire que ses suggestions ne sont pas prises en considération. Il est important, à ce moment-ci, que toutes les suggestions soient retenues. Il s'agit de dresser une liste de solutions incluant même les plus farfelues. L'énumération peut se formuler ainsi:

- Jacques se charge des travaux scolaires des enfants.
- Louise prépare le souper à heure fixe, 5h30.
- Jacques se charge de laver la vaisselle pendant que Louise s'occupe des travaux scolaires.
- Alternance des rôles à chaque semaine.
- Souper familial occasionnel au restaurant.
- Engagement d'une aide familiale pour la confection des repas du soir.

- Louise abandonne son emploi pour se consacrer entièrement à sa famille.

La notation se poursuit tant et aussi longtemps que les conjoints proposent des solutions. Aucune discussion des propositions n'est souhaitable à cette étape. Cette énumération regroupe donc une série de solutions décrivant des faits, des gestes et comportements tout aussi précis que ceux qui ont été énoncés dans l'identification du problème. Lorsque Louise ou Jacques demande à l'autre de s'améliorer, chacun formule une suggestion globale et imprécise qui n'indique pas à l'autre le ou les comportements à modifier, mais se réfère plutôt à une attitude. Une suggestion proposant le partage des tâches domestiques à accomplir constitue une proposition pratique, concrète et précise décrivant des objectifs à atteindre et non des attitudes à modifier. L'attitude représente plutôt les dispositions intérieures régissant l'émission d'un comportement. Il apparaît donc beaucoup plus facile de changer un comportement spécifique que plusieurs comportements non précisés.

c) *Analyse des solutions*

La troisième étape s'attarde à analyser les suggestions faites en dressant la liste des avantages et inconvénients de chacune. Ainsi Louise refuse la première suggestion parce qu'elle veut à l'occasion suivre l'évolution de l'apprentissage des enfants à l'école. Jacques est favorable au souper à heure fixe, mais de préférence à 6 h. Jacques accepte de laver la vaisselle et Louise de s'occuper des travaux scolaires des enfants. Jacques est peu favorable à l'alternance, invoquant son ignorance des méthodes d'apprentissage. Il songe plutôt à reporter à l'an prochain cette solution. Le souper occasionnel au restaurant retient l'intérêt des deux partenaires. Jacques et Louise rejettent la possibilité de recourir à l'aide familiale à cause du coût, des difficultés de recrutement et de la probabilité de remplacements fréquents. Quant à la suggestion de Jacques invitant Louise à abandonner son emploi, Louise en rejette catégoriquement la possibilité. S'il arrive que des suggestions ne soient pas suffisamment précises, il appartiendra à leur auteur d'en préciser davantage la teneur en se référant à la description des comportements souhaités. Une première analyse rapide devrait normalement éliminer un bon nombre des suggestions, faute d'avantages suffisants par rapport aux inconvénients. D'autres par contre présenteront des avantages méritant une attention plus approfondie à l'étape ultérieure. Ce n'est pas encore le moment d'arrêter un choix. Cela vaut la peine de faire le bilan de chacune. Des décisions rapides pourraient cependant écarter d'éventuelles solutions, plus avantageuses encore après mûre réflexion. Les solutions les plus prometteuses bien identifiées, une seconde ronde peut être amorcée afin cette fois de conduire à une solution qui servira à établir le compromis acceptable pour les deux conjoints. Il est donc important que le maximum d'avantages et d'inconvénients soient identifiés pour chaque solution prometteuse. Mieux on aura fait le tour des avantages et des inconvénients, plus l'élaboration du compromis sera facilitée et les partenaires satisfaits. Louise et Jacques pourront envisager le choix de quelques solutions.

d) *Élaboration du compromis*

La quatrième étape prévoit l'élaboration d'un compromis, la solution parfaite étant impossible à formuler. Le compromis prévoit le consentement de chacun à sacrifier quelques avantages mineurs au profit d'un nombre plus important d'avantages pour les deux. Ainsi Louise s'occuperait des leçons et devoirs des enfants, Jacques de la préparation du repas, Louise du bain et du coucher des enfants, Jacques de la vaisselle alors que les deux se chargeraient de mettre un peu d'ordre dans la maison une fois les enfants endormis. Les soupers occasionnels au restaurant seront envisagés sur l'invitation de l'un ou de l'autre. Louise et Jacques conviennent d'inverser ces rôles au début de la prochaine année scolaire.

Chaque conjoint retrouve donc l'essentiel de ce qu'il recherchait tout en faisant une légère concession. Louise appréciera l'aide de Jacques qui jouira davantage de l'attention de Louise durant la soirée. Chacun aura donc fait son effort pour résoudre un problème commun.

e) *Attribution des responsabilités*

La cinquième étape prévoit l'identification des responsabilités attribuées à chaque partenaire. Qui fait quoi? Quand? Ainsi Jacques servira le souper tous les jours à 5h45, sauf les samedis et dimanches. Jacques desservira la table à 6h30, Louise surveillera les travaux scolaires des deux enfants entre 18h30 et 19h tous les soirs et se chargera de les baigner entre 20 et 20h15. Jacques lavera et rangera la vaisselle entre 16h30 et 19h. À 20h30, Louise et Jacques consacreront quinze minutes de leur temps à remettre un peu d'ordre dans la maison. Ils conviennent d'évaluer dans quinze jours l'efficacité et leur satisfaction de ce mode de fonctionnement.

f) *Évaluation*

La dernière étape est celle de l'évaluation des progrès réalisés. Cette étape peut également servir à élaborer d'autres tentatives de changement sur la base des règles établies précédemment. Jacques et Louise ont ainsi remarqué que le partage des tâches domestiques contribuait à alléger les responsabilités de chacun, diminuait les occasions de blâmer l'autre de son inactivité, contribuait à diminuer les tensions entre les membres de la famille et mettait tout le monde de meilleure humeur. L'évaluation est l'occasion rêvée d'engager un échange sur la satisfaction éprouvée par chaque partenaire quant à son désir de procurer de l'agrément au couple. Il peut arriver dans cette phase d'évaluation que les résultats constatés par les conjoints ne soient pas ceux qu'ils escomptaient. Cette constatation, loin d'être dramatique, invite plutôt à l'interprétation nuancée. En effet, aux prises depuis un certain temps avec une difficulté sérieuse on est porté à en attendre des résultats spectaculaires. L'absence de résultats incite souvent les partenaires à démissionner. Une attitude réaliste les conduira à remplacer les exigences par des désirs; l'effort à poursuivre en sera plus stimulant.

Ce qui importe avant tout, c'est que les discussions engagées dans l'évaluation ou ailleurs servent de préambules à une démarche d'action, démarche indispensable au changement. Même si de telles actions apparaissent et sont peut-être artificielles au début, elles deviendront plus naturelles après une répétition assidue. Rappelez-vous vos premières foulées de patinage lorsque vous étiez enfant. Elles n'avaient certes pas l'élégance de celles de votre adolescence où vous tentiez d'impressionner par vos cabrioles l'élu(e) de votre coeur. Elles ont probablement même été plus pénibles qu'agréables. Elles sont devenues plus naturelles avec l'acquisition de l'habileté. Il en est ainsi pour la majorité des choses que nous apprenons. Il est donc illusoire d'envisager une transformation importante sans consentir à des premiers pas éventuellement pénibles et artificiels. C'est absence d'habitude qui donne cette apparence artificielle à une démarche. Prenez-en l'habitude et l'artifice disparaîtra.

Une bonne façon, pour terminer, de dédramatiser les problèmes consiste à recourir à l'humour. Si nous prenons la vie trop au sérieux, les malheurs qu'elle contient auront tôt fait de nous décourager. Ne pas nous prendre trop au sérieux assainit notre philosophie et freine nos exagérations. Vous pouvez par exemple caricaturer un comportement désagréable du conjoint, lui signifiant ainsi délicatement votre désapprobation sans susciter de réaction de défense. Imitez avec humour — mais sans malice — sa façon de vous critiquer quand survient une contrariété, et il ressentira votre désagrément. Il sera peut-être en mesure d'éprouver la relative inutilité d'une telle médecine, s'il se la voit servir sur une note amicale.

Une autre technique fort utile et susceptible de développer votre empathie consiste à tenter de défendre le point de vue de l'autre. Inversez les rôles lorsque vous faites face à un conflit. Vous aurez ainsi l'occasion de mesurer avec plus d'objectivité l'argumentation de l'autre. Il y a de fortes chances alors que vous nunciez votre position. Cette technique vous aura permis non seulement de mieux comprendre son point de vue, mais d'en partager le contenu émotif. Votre compréhension et votre tolérance augmenteront du même coup.

Les quelques éléments abordés dans ce chapitre ne brillent pas par leur originalité. L'autorévélation, l'utilisation constructive des conflits et les diverses étapes de leur résolution sont des notions connues. Leur originalité provient beaucoup plus de leur utilisation adéquate. Si l'alimentation saine n'est pas exactement un secret d'État, sa mise en pratique n'en demeure pas moins l'apanage d'une minorité. Il en est de même de la communication dans le couple. N'est-elle pas une condition sine qua non de la réussite d'un mariage? Je vous invite à y songer sérieusement en abordant le prochain chapitre.

Chapitre VII

Le divorce: un moindre mal

Nous avons vu jusqu'à maintenant que le mariage représente une entreprise à plusieurs égards comparable à de nombreuses associations d'affaires. Comme dans celles-ci, il arrive malheureusement qu'après un certain temps les partenaires n'arrivent plus à s'entendre malgré des efforts sincères de réconciliation. En pareille situation, la meilleure ou du moins la moins mauvaise solution demeure souvent la séparation ou le divorce. La tradition les a longtemps décrits comme une honte et un drame déchirant pour les conjoints et une occasion de grave perturbation pour les enfants. Est-il fatal qu'un divorce apporte tant d'inconvénients? Examinons quelques-unes des avenues que nous propose la considération réaliste d'un tel événement.

Divorce: oui ou non?

Dans le cas d'incompatibilité irrémédiable, il est réaliste de croire que le divorce est le choix le plus avantageux. Dans d'autres situations, cette possibilité retient l'attention des partenaires un peu trop rapidement. Si, très souvent, le divorce met un terme à une union malheureuse en libérant ainsi chaque membre de la famille d'un fardeau pénible, il n'en va toujours pas ainsi.

L'insatisfaction sexuelle apparaissant au tout premier rang des causes de divorce, examinons ensemble le bien-fondé de l'infidélité sexuelle comme motif de divorce, son aspect proprement psychologique ayant été abordé antérieurement.

Il arrive parfois que deux conjoints fort compatibles, vivant une relation relativement stable, décident de divorcer parce qu'un des partenaires s'est livré à une aventure érotique. Le motif profond d'une telle décision semble plus souvent dicté par un désir de venger une exclusivité sexuelle trahie que par le bon sens. Ce désir est souvent puéril et se compare à celui d'un automobiliste désireux de se débarrasser de sa voiture à la première panne de moteur. Ce type de décision impulsive risque plus souvent qu'autrement d'entraîner inutilement des conséquences regrettables, pour les enfants par exemple. Il arrive également, à l'inverse, que le conjoint infidèle décide subitement de rompre une union apparemment stable, grisé par une enivrante aventure érotique. C'est le sacrifice d'un amour amical moins spectaculaire et moins riche en ébats sexuels, mais par ailleurs plus serein. Tous les divorces ne sont donc pas le fruit d'une décision raisonnable apte à procurer aux conjoints des avantages à long terme supérieurs à ceux qu'ils possédaient déjà.

Avant de céder à la tentation de divorcer, les conjoints, et surtout le partenaire désireux de rompre l'union, ont avantage à reconsidérer leur décision et à en mesurer la portée, tout comme nous n'envisageons pas de changer d'emploi sans être raisonnablement convaincus des avantages réels d'un tel changement. Lorsque la compatibilité a été éprouvée et s'est révélée satisfaisante, peut-être vaut-il la peine de se demander pourquoi le partenaire a cherché ailleurs ce qui n'était pas à ses yeux disponible au foyer. Tenter sincèrement de remédier à ces difficultés avec le conjoint est sans doute moins grisant à court terme mais souvent plus avantageux à long terme. Un manque d'habileté à communiquer efficacement entraîne facilement les partenaires dans ce genre de piège. La griserie d'une aventure extraconjugale rend moins attrayante la perspective de travailler à l'amélioration de la communication. Si elle est moins attrayante, elle n'est pas automatiquement moins avantageuse. Il est toujours temps de songer au divorce si des essais honnêtes et répétés s'avèrent infructueux.

Une telle tentative répugne parfois au conjoint désireux de quitter le foyer et peu enclin à mettre un terme à son aventure érotique. Cette vision semble davantage inspirée par un sentiment de culpabilité que par le bon sens. En effet, le raisonnement formulé en pareille circonstance semble le suivant: "Si je tentais un effort sérieux pour résoudre mes difficultés conjugales, je pourrais obtenir des résultats positifs. Je n'aurais alors plus de raison de chercher ailleurs l'agrément tant apprécié. Je devrais en conséquence y renoncer, ce que je me refuse à faire. Je dois donc écarter cette tentative d'éclaircissement et invoquer mes difficultés pour revendiquer ce divorce." Tout ceci n'est que de la haute voltige.

Il vaut mieux que le conjoint rétablisse les faits en les interprétant de façon plus juste. Une saine réflexion lui permettra de constater que la réalité l'autorise à faire n'importe quoi, y compris de décider de mettre un terme à une union compatible, et ce pour les motifs les plus farfelus. La résolution de ne faire que ce qui est avantageux et de renoncer à ce qui est désavantageux éliminera la culpabilité et mobilisera plutôt l'attention sur les avantages et les inconvénients d'un divorce. Cette perspective apparaît beaucoup plus saine et plus prometteuse de décisions sages tout en procurant des émotions plus sereines. Il peut fort bien arriver dans de telles circonstances que le conjoint envisage sérieusement d'améliorer sa relation conjugale tout en se réservant le privilège de s'adonner à l'occasion à une aventure érotique. Celui qui fait ce choix aurait avantage cependant à entretenir des idées claires et avoir beaucoup de doigté.

Le divorce et la loi

Le divorce est un problème beaucoup plus social que psychologique. Il impose en effet à ses contractants le poids d'une justification légale par le biais d'une longue série de démarches fastidieuses et, dans certains cas, ridicules. Après avoir franchi l'épreuve, ceux qui ne se sont pas découragés en ressortent souvent meurtris et épuisés. La société exhibe alors ce portrait menaçant aux yeux des éventuels contractants. Cette perspective semble empreinte de la conviction inébranlable selon laquelle l'union conjugale se maintiendra pendant toute la vie des partenaires avec l'enthousiasme de la lune de miel. C'est comme si, une fois contracté, le mariage était fait pour durer. Il n'est pas étonnant alors que les divorcés apparaissent encore de nos jours, malgré l'évident progrès de la tolérance, comme des parias ou des pécheurs. Seuls quelques motifs graves peuvent épargner au requérant le fardeau de ces jugements: l'éviction du conjoint du foyer conjugal, l'adultère, la maladie mentale ou la "cruauté mentale" en sont des exemples; tous les mariages non affectés par l'un de ces phénomènes seraient des unions heureuses et non éligibles au divorce.

On voit bien comment une démarche aussi difficile que le divorce semble favoriser la perturbation. La société est en bonne partie responsable d'une telle calamité. Un exemple pourrait nous aider à comprendre la situation. Lorsqu'un enfant de deux ans cherche à monter ou à descendre un escalier, quelle attitude sommes-nous tentés d'adopter? Nous installerons une clôture afin de lui éviter une éventuelle chute, convaincus de son incompétence à utiliser l'escalier adéquatement. Frustré et en colère, voilà que l'enfant se met en frais d'escalader cet obstacle gênant. Incapable d'utiliser un escalier, il l'est d'autant plus de franchir sans risque cette barrière. Une fausse manoeuvre et l'enfant déboule. Vous accourez, inquiet et contrarié. Trop tard, votre appréhension s'est réalisée. Vous redoublez d'ingéniosité pour rendre plus difficile encore toute nouvelle tentative de l'enfant. Mais comment l'enfant apprendra-t-il à monter un escalier si vous lui en interdisez l'usage? C'est en lui en facilitant l'accès par un aménagement de protection qu'il apprendra à s'en servir.

Il en est de même pour les aspirants au divorce. La société multiplie tellement les obstacles psychologiques ou législatifs au divorce, qu'il n'est pas étonnant de compter tant d'éclopés. Les blessures seraient, sans doute, moins nombreuses si l'on tentait de réduire le nombre des préjugés et des fastidieuses mesures législatives. Le divorce perdrait peut-être de son caractère dramatique une fois dépouillé des obstacles qui, comme la clôture devant l'escalier, le rendent périlleux. La dislocation conjugale et familiale constitue à elle seule une démarche suffisamment difficile. Pourquoi l'alourdir de tant de contraintes inutiles.

Il est regrettable que le consentement mutuel ne soit pas encore reconnu par la loi comme un motif suffisant de divorce. Les chicanes légales font bien peu de cas des milliers de requêtes en divorce qui pourraient être simplifiées de ce simple fait. En attendant, la majorité des conjoints sont contraints d'élaborer des preuves d'adultère, de cruauté physique ou mentale ou d'aliénation mentale pour obtenir un divorce. Il est surprenant que les associés d'une entreprise soient traités avec plus d'égards par la loi qui ne les oblige nullement à des procédures aussi capricieuses. Avez-vous déjà vu la loi refuser aux partenaires d'une association d'affaires le droit de rompre leur association? Évidemment non. Pourquoi en est-il autrement dans le mariage? L'explication résiderait-elle dans la nature même des motifs reconnus comme suffisants pour justifier un divorce?

En examinant de plus près les quatre principales raisons acceptées par la loi pour que soient entamées des procédures, on peut observer que chacune recherche l'identification d'un coupable et d'une victime. Le divorce semble donc accordé à titre de récompense au conjoint innocent dont la conduite irréprochable exige compensation. Nous avons affaire à une vision tout à fait légaliste de l'agir interprétant un comportement humain en fonction de normes arbitraires plutôt qu'en fonction du bon sens.

Cette vision étroite et non réaliste du mariage emprisonne dans leur vie de couple un homme et une femme qui ne veulent ou ne peuvent invoquer l'adultère du conjoint, le départ d'un partenaire, la cruauté physique ou mentale comme raison de leur désir de divorcer. C'est au nom de cette aberration que des conjoints ont enduré un partenaire incompatible, frigide ou impuissant, ivrogne ou déséquilibré, et qu'une certaine vision religieuse les a glorifiés comme des modèles de sainteté. La rupture d'un couple n'est-elle pas suffisamment pénible par elle-même sans toutes les humiliations et les démarches onéreuses et ridicules qu'impose la recherche d'un coupable? Tel est l'imbroglio dans lequel nous plonge la législation.

Le consentement mutuel permettrait à deux êtres humains de reconnaître une erreur de départ, de rompre une cohabitation se révélant, après une expérience parfois prolongée, pénible et incompatible avec un désir raisonnable d'épanouissement. Lorsque après des efforts sincères, les conjoints arrivent à la conclusion que le divorce constitue désormais un moindre mal, pourquoi ne pas en rendre l'accès aisé? Nous éviterions ainsi bien des déchirements auxquels ont si souvent assisté bien des cours de justice. Il serait au contraire plus civilisé et plus humain que l'État aide les conjoints à faire le bilan objectif de leur échec, s'épargnant ainsi de pénibles démonstrations d'hostilité. En analysant d'un oeil plus critique et moins émotif les raisons qui les incitent à se séparer, les conjoints réduiraient l'affrontement au minimum, prendraient une décision plus éclairée et connaîtraient plus de sérénité en pareille circonstance.

Tous les espoirs ne sont pas perdus puisqu'il existe un service de conciliation pour "futurs ex-conjoints" à la cour Supérieure du district de Montréal, depuis mai 81 (10). Il est à souhaiter que ce projet expérimental puisse devenir, à travers la province, un service à la disposition de tous les candidats au divorce animés du même désir de conclure une entente à l'amiable.

Il est temps que nous cessions d'envisager le divorce comme un problème en soi. Il n'est en fait que l'une des nombreuses façons d'affirmer notre foi en la liberté. À l'heure où les droits de l'homme, la liberté de parole sont si chers à notre monde occidental, il est paradoxal d'opposer tant de résistance à ce droit démocratique élémentaire. Pourquoi se montre-t-on si récalcitrant à en faciliter l'accès libre, au moment même où l'on attache si peu d'importance à la préparation au mariage, alors que tant de jeunes s'y engouffrent aveuglément sans en connaître les répercussions même élémentaires? Cette incongruité explique sans doute en bonne partie la réputation peu reluisante que s'est faite le divorce. Il est temps que cesse ce bal des vampires auquel sont conviées les unions malheureuses À quoi servent toutes les sensibilisations aux conditions de détention des prisonniers politiques si nous méprisons et humilions nos "prisonniers conjugaux" et les confions aux labyrinthes de nos cours de justice? Si nous reconnaissons l'immunité aux opinions politiques les plus farfelues, je vois mal qu'on interdise à des conjoints peu compatibles la plus élémentaire assistance. Mettons fin à ces regards inquisiteurs lourds de préjugés qui rendent plus pénible à d'éventuels candidats au divorce leur calvaire conjugal.

Il y aura évidemment des abus. N'y a-t-il pas d'abus partout où la liberté humaine s'exerce, y compris dans la liberté qu'ont les humains de l'enlever à d'autres sous prétexte d'abus? C'est un faux problème. L'expérience me semble démontrer que ce n'est pas dans l'abstention de l'exercice de la liberté que nous apprendrons à nous en servir.

C'est sa privation qui entraîne les pires abus. Pour éviter des abus nous contribuons à maintenir unis des conjoints souvent peu compatibles, à exposer des enfants à l'influence néfaste de parents malheureux. N'y a-t-il pas dans cette attitude un abus peut-être moins spectaculaire mais au moins aussi dommageable? Il n'y a qu'à consulter les registres de nos agences de services sociaux pour le constater. Si de tels abus sont déplorables, il ne faut pas oublier que le déséquilibre conjugal représente également une occasion de traumatisme.

Si nous traitions avec plus de maturité les candidats au divorce, peut-être apprendraient-ils à faire des choix plus adultes. Nous n'abolissons pas la conduite automobile parce que des conducteurs imprudents ont des accidents ou la vente de boissons alcooliques parce que des usagers en abusent. Il serait tout aussi stupide d'abolir ou de limiter le divorce parce que certains en feraient un sport.

Vous rétorquerez peut-être que la défaveur sociale n'est pas le seul obstacle au divorce et que bon nombre de conjoints, des femmes principalement, ne divorcent pas, faute de ressources financières suffisantes ou à cause des difficultés que représente un éventuel retour sur le marché du travail, après plusieurs années d'inactivité professionnelle. C'est en bonne partie pour ces raisons que la préparation au mariage devient capitale. En effet, une préparation réaliste pourrait permettre, à la femme en particulier, d'y songer à deux fois avant d'abandonner une carrière ou un métier même si elle désire avoir des enfants. Il m'apparaît primordial que la femme songe sérieusement aux conséquences d'un éventuel échec conjugal dans le cas où elle renoncerait à son emploi pour éduquer des enfants, à moins que des compagnies d'assurances ne mettent éventuellement sur le marché des plans d'assurance-divorce. Si elle le fait en pleine connaissance de cause, je comprendrais mal qu'elle vienne se plaindre des conséquences de son erreur au moment où elle constaterait l'échec conjugal. Il ne lui resterait qu'à retrousser ses manches et à relever le défi. D'autre part la maternité ne décerne pas de diplôme de compétence à la mère d'un enfant. Combien de femmes auraient avantage à confier à d'autres la tâche d'élever leurs enfants à leur place, inhabiles à le faire adéquatement elles-mêmes? Elles pourraient ainsi poursuivre une carrière ou un métier fructueux tout en offrant plus de chance à un ou à plusieurs enfants de bénéficier d'une meilleure éducation. Il ne m'apparaîtrait pas superflu de conseiller vivement à une candidate au mariage de renoncer à quitter son emploi pour mettre des enfants au monde surtout si elle semblait peu habilitée à les éduquer convenablement. Il me semble imprudent d'investir toute sa confiance dans une union conjugale même prometteuse. Ne procurez-vous pas à votre résidence la protection suffisante contre le feu même s'il est peu probable qu'elle soit la proie des flammes? Pourquoi ne pas recourir à la même protection dans le mariage? Quelle assurance avez-vous que votre union ne sera jamais affectée par quelque événement majeur? L'autonomie financière des conjoints n'a pas que des avantages pécuniaires. Elle favorise une autonomie psychologique et un pouvoir de négociation fort important. N'oublions pas qu'aucune loi de la réalité ne stipule que la place de la mère est à la maison. Une préparation réaliste au mariage permettrait d'approfondir ces aspects et pourrait contrer plusieurs des perspectives naïves dans lesquelles s'enlisent beaucoup de candidats au mariage.

Le divorce: un geste d'adulte

Tout ce contexte puritain qui a entouré longtemps le divorce et dont nous commençons à peine à nous libérer a conduit le divorcé à s'apitoyer sur lui-même. Cette conception fait du divorcé une victime davantage préoccupée de se consoler que d'envisager des solutions. L'entourage immédiat du divorcé a donc tendance à faire de même et n'ose poser les questions susceptibles d'amorcer des échanges sur les raisons d'un tel divorce. Tout ce contexte a renforcé la notion de victime qui accompagnait la réputation du conjoint ayant obtenu son divorce. Une telle attitude, sympathique au premier abord, a entretenu une espèce de sentiment d'infériorité autour du divorcé. Ce "pauvre lui" ou cette "pauvre elle" n'incitait guère à regarder froidement les faits. Beaucoup de douleurs auraient été épargnées si l'on avait aidé un divorcé éventuel à distinguer ses désirs de divorcer d'avec ses désirs d'épouser une autre personne. De tels échanges auraient peut-être fait comprendre à un conjoint que le désir de vivre avec une autre personne n'oblige pas fatalement à envisager le divorce pour autant. Je pourrais longuement caresser le désir de posséder une Rolls Royce sans pour autant me départir de ma Toyota. Le désir de posséder une chose ou de vivre avec une autre personne n'engage à rien du tout. Nous ne sommes pas tenus de faire ce qui nous plaît. Ce n'est pas parce qu'un conjoint se livre à une aventure agréable qu'il doit envisager le divorce. C'est là une vision bien courte de l'intérêt personnel. Une telle démarche pourrait apaiser bien des tensions si elle était expliquée à des conjoints envisageant le divorce.

Nombreuses ont sans doute été les interventions amicales visant à faire échec au divorce d'un ami ou d'un proche parent. Ces démarches, aussi sympathiques que chaleureuses, ne permettent pas toujours d'apprécier à leurs justes dimensions les motifs profonds présidant à un divorce. Le bonheur antérieur des conjoints n'est pas forcément le présage d'une réconciliation. Si le choix, pour un partenaire, s'est effectué à partir de caractéristiques superficielles comme l'apparence physique, le statut social ou l'habileté sportive et que ces attributs l'aient comblé un certain temps, il n'est pas impensable qu'un bilan plus exhaustif lui suggère de changer de partenaire. C'est là un mythe tout aussi répandu qu'erroné, une sorte de corollaire de "l'amour un jour, l'amour toujours". Qui peut affirmer n'avoir jamais changé de goût dans sa façon de se vêtir, de manger ou de travailler durant sa vie? Lorsque arrive le mariage, l'objection fatale surgit: "Ce n'est pas pareil." Je reconnais volontiers que le mariage n'est pas une démarche identique à celle qui a pu présider au changement de certaines de nos habitudes alimentaires. Je veux simplement affirmer que le goût de vivre avec un partenaire peut s'altérer comme peuvent changer nos préférences pour la lecture, les arts ou l'habillement, principalement lorsqu'elles ont été soumises à des déceptions répétées. Pourquoi de tels changements ne seraient-ils pas possibles en matière de maturité affective? N'oublions pas que la nature de l'amour éprouvé pour un être humain se définit de la même manière que l'amour des pétoncles, des loteries ou de l'astrologie, c'est-à-dire selon le plaisir ressentie au contact ou à la pensée de l'un ou l'autre des éléments de la planète sur laquelle nous vivons. Il vaut mieux reconnaître le caractère changeant des goûts plutôt que de miser sur leur permanence.

Dans l'assistance rationnelle offerte au conjoint remettant en question son union conjugale, il est important de l'aider à démystifier les pouvoirs de l'amour. L'amour améliore la compatibilité là où elle existait déjà mais ne la crée pas là où elle n'existe pas, tout comme votre affection sans borne pour l'astronautique ne fait pas de vous un astronaute émérite. C'est la raison, avec sa démarche objective, qui montre les avantages et les inconvénients de telle ou telle concession susceptible de créer la compatibilité; l'amour, lui, est le catalyseur favorisant son apprentissage, tout comme l'acide favorise l'union du plomb et du cuivre. Cette distinction permettra à un conjoint de savoir si son affection pour le partenaire existe toujours et s'il veut la raffermir en consentant à des compromis. Si elle est réduite et que l'harmonie conjugale lui tient à coeur, il y travaillera par intérêt plutôt que par affection. L'amour entre deux partenaires est très possible sans harmonie. On retrouve fréquemment cette situation chez des artistes se vouant parfois réciproquement une affection folle alors que leurs intérêts professionnels les séparent et les opposent même. Des conjoints pris au piège dans ce genre de situation feront mieux de divorcer s'ils sont mariés ou d'écarter le mariage s'ils ne le sont pas encore en dépit de l'affection qu'ils peuvent éprouver l'un pour l'autre. L'affection ne constitue pas un signal auquel il faille répondre par le mariage, pas plus d'ailleurs que votre connaissance des bienfaits de l'exercice physique ne vous ordonne d'en faire. Deux conjoints peuvent également vivre en pleine harmonie sans nécessairement ressentir beaucoup d'affection l'un pour l'autre. C'est un exemple typique de l'amour pragmatique dont nous avons déjà parlé. Conseiller à un tel conjoint de divorcer me semblerait une erreur. S'il vient à éprouver un amour érotique pour une tierce personne, il vaudrait mieux qu'il cherche à s'accommoder des deux plutôt qu'à briser un équilibre dont des enfants, par exemple, pourraient souffrir. La même mesure serait de toute façon valide s'il n'y avait pas d'enfant parce que l'harmonie représente une garantie beaucoup plus sûre pour l'union à long terme que l'affection érotique généralement passagère. Toutes ces considérations méritent l'attention avant que ne soient prises des décisions lourdes de conséquences. Nous nous éloignons, comme vous pouvez le constater, de la sympathie traditionnelle à l'égard du divorcé.

L'amour prometteur d'ennuis

Il me semble important de préciser également que la probabilité de divorce augmente avec la nature de l'amour que nous entretenons à l'égard d'un conjoint. Si je me réfère aux descriptions des différents types d'amour déjà énumérés, certains d'entre eux me semblent plus exposés au divorce que d'autres. Prenons à titre d'exemple l'amoureux érotique. Étant donné qu'il s'attarde essentiellement aux caractéristiques physiques du partenaire, il est davantage sujet à se modifier ou à se préoccuper d'un autre partenaire qui répondrait plus fidèlement à ses goûts. Ce type d'affection prédispose au divorce à répétition, déclenché chaque fois par la découverte d'un partenaire plus séduisant physiquement. Plus ce type d'amour sera pur chez une personne, plus elle sera vulnérable sur le plan marital. Il lui serait probablement plus sage d'éviter le mariage à moins qu'il ne soit accompagné d'une bonne dose d'amour amical.

L'amour ludique entre également dans la catégorie des types d'amour à plus forte probabilité de divorce. Il est heureux cependant que les amoureux ludiques convolent moins souvent parce que le concept même de mariage entre en conflit avec les objectifs qu'ils poursuivent. Lorsqu'il se marie, l'amoureux ludique est probablement l'aspirant le plus logique au divorce rapide, le mariage n'étant pas un jeu aussi captivant à ses yeux que la collection des conquêtes amoureuses.

L'amoureux maniaque et son partenaire sont probablement des candidats de choix au divorce. Le partenaire qui témoignerait d'un tel type d'amour pour son conjoint divorcerait probablement à la première infidélité sexuelle de ce dernier vu l'importance accordée à l'exclusivité affective et sexuelle dans ce type d'amour. S'il n'y a pas d'infidélité sexuelle du conjoint, ce dernier risque de demander le divorce à cause de l'atmosphère étouffante qu'entretient l'amoureux maniaque dans sa relation possessive avec son partenaire.

Les trois autres types d'amour (amical, pragmatique et altruiste) sont moins susceptibles de conduire au divorce à cause de la stabilité et de la solidité des liens qu'ils favorisent entre les partenaires, à moins cependant que ces derniers ne soient eux-mêmes aux prises avec un amoureux des trois autres types. Deux conjoints se vouant un amour amical courent peu de chances d'envisager le divorce, à moins évidemment que leur amour amical ne soit dominé par la présence chez eux d'une composante érotique ou ludique importante.

Maintenant que nous avons démêlé certaines notions reliées au divorce, nous pouvons peut-être nous demander à quel moment il convient de divorcer. La réponse me semble simple et complexe en même temps. Simple parce que le divorce peut survenir dès que l'un des conjoints — ou les deux — en exprime le désir, qu'il soit inspiré par des motifs sérieux ou non. Complexe parce que la décision des conjoints, soucieux de faire des efforts honnêtes, assistés dans leur démarche par des spécialistes, n'est pas toujours simple à prendre. Il est par contre inutile d'en retarder indûment la proclamation, le bien-être des conjoints et de la famille leur en imposant l'avènement. Il est inutile de prolonger une union psychologiquement morte. Tout délai risque de n'entraîner que des complications.

Rupture civilisée

Toutes ces procédures légales, avec leur cortège de tracasseries administratives, perpétuent un climat de déchirement. Toute la perspective élaborée plus haut concernant l'identification d'un coupable incite très souvent le conjoint accusé à se défendre. Il n'en faut guère plus pour créer autour d'un divorce un climat de guerre où chaque conjoint, avec l'assistance de son avocat respectif, se met à élaborer des stratégies plus dénigrantes les unes que les autres. C'est souvent dans de tels contextes que les enfants sont pris en otages, victimes des tactiques des parents.

Ces barbaries psychologiques sont-elles souhaitables? De telles mises en scène sont occasionnées parfois par les ennuis financiers dus à la séparation des conjoints, aucun n'ayant les ressources financières suffisantes pour soutenir deux foyers. C'est à cette occasion que des déchirements surviennent, chacun tentant d'arracher à l'autre le maximum de biens matériels. Ne serait-il pas préférable que l'État vienne financièrement en aide à de tels conjoints, principalement à des femmes, par le biais de programmes aussi articulés que ceux qui sont offerts aux invalides, assistés sociaux et chômeurs, afin de faciliter des divorces autrement inconcevables?

Il est toujours possible à un conjoint audacieux d'entreprendre lui-même la procédure de son divorce sans l'assistance onéreuse d'un avocat. Cependant, cette démarche peu coûteuse (moins de 200 $) ne s'applique pas à tous les divorces. Ainsi Yvon et Louise ont facilement obtenu leur divorce; ils sont séparés de fait depuis deux ans; chacun d'eux est financièrement autonome; pas d'enfant en cause; leur divorce n'est pas contesté; ils n'ont aucune revendication l'un envers l'autre. Cependant les requêtes répondant à la situation d'Yvon et Louise me semblent encore rares. Les intéressés se trouvant dans une telle situation auront sans doute avantage à se procurer *Comment divorcer sans avocat* (cf. 10) s'ils désirent connaître la marche à suivre. Ils y retrouveront des précisions sur les motifs acceptables de divorce, la manière d'établir la preuve, les conditions d'admissibilité à l'aide juridique, l'attitude à adopter devant le juge et les avenues à suivre en cas de contestation.

Bien-être des enfants

Quel est pour les enfants l'intérêt de vivre au beau milieu d'un mariage malheureux? N'est-ce pas leur offrir de regrettables modèles dont on pourrait les dispenser? L'objection souvent fournie à l'argument de la dislocation de la cellule familiale consiste à prétendre que les enfants souffrent probablement moins de rester dans un foyer malheureux que d'être séparés de leur père ou de leur mère. Tous les enfants orphelins de père ou de mère ou des deux devraient dès lors subir une vie malheureuse! Comment se fait-il qu'il n'en soit pas toujours ainsi? N'avons-nous pas la preuve que vivre dans une famille monoparentale ne constitue pas fatalement une catastrophe? C'est, me semble-t-il, avoir une vision biaisée de la famille monoparentale. S'il est démontré que des conjoints ont avantage à se séparer, n'est-il pas préférable pour les enfants de se retrouver avec l'un ou l'autre des conjoints, si ceux-ci retrouvent une partie de leur équilibre personnel? Ne considérez-vous pas avantageux pour des enfants d'être pris en charge par un seul des conjoints satisfait de sa décision? S'il est probablement souhaitable, dans notre milieu culturel, que des enfants soient éduqués par le père et la mère, il ne m'apparaît pas indispensable, ni surtout profitable, pour les enfants de l'être à n'importe quel prix. N'y a-t-il pas moyen de faire preuve de plus de bon sens? C'est justement ce bon sens qui déterminera où se situe l'intérêt des enfants et des conjoints. La tradition risque d'être mauvaise conseillère en la matière. C'est hélas sous sa dictée que des êtres humains souffrent plus que nécessaire. Pourquoi ne pas adopter l'attitude sereine que nous adoptons quand nous prenons la décision de nous départir d'une voiture nous offrant plus de désagrément que de plaisir? Un divorce ne représente pas une difficulté du même ordre de grandeur, j'en conviens, mais cela signifie-t-il qu'il faille adopter une attitude déraisonnable sous prétexte que le problème est de taille? Il me semble au contraire que la raison a sa place plus que jamais en pareille situation. Faire preuve de bon sens dans la résolution des difficultés quotidiennes usuelles est souhaitable, mais en faire usage avec plus d'insistance encore dans des situations difficiles m'apparaît prometteur de satisfaction alors que l'inverse favorise plutôt la stagnation et le désenchantement. Il me semble plus avantageux, à la limite, de confier l'éducation des enfants à de parfaits étrangers heureux et équilibrés que de les laisser entre les mains d'un ou de deux conjoints perturbés. Sacrifier le développement d'enfants au nom d'un lien biologique m'apparaît plus déraisonnable encore. C'est au nom d'un certain nombre de ces absurdités que des divorces continuent d'être si peu civilisés.

Pierre et Denise ont maintenant convenu de se séparer, conscients de l'échec de leur vie commune. Pour une des rares occasions de leur vie conjugale, ils se sont mis d'accord sur un certain nombre de modalités susceptibles de conférer à leur rupture plus de sérénité. Ils ont amorcé leur démarche par le choix judicieux d'un avocat spécialisé en consultation matrimoniale. Contrairement à la pratique traditionnelle voulant que les conjoints achètent les services de deux avocats, ce qui représente un avantage certain pour ces derniers, ils se sont rendu compte qu'ils pouvaient recourir aux services d'un seul avocat, comme les y autorise maintenant la législation québécoise dans des causes de séparation de corps dite "d'action conjointe". Ils ne peuvent, pour l'instant, divorcer en recourant à la même procédure, le divorce étant une juridiction fédérale n'ayant pas à ce jour reconnu l'action conjointe. Ils se sont présentés chez lui dans des dispositions comparables à celles qui les avaient déjà conduits chez le décorateur, le médecin, et plus récemment le psychothérapeute. Pourquoi procéder différemment dans le cas d'une séparation? La rupture n'est-elle pas un problème commun aux deux partenaires? Cette procédure, en plus d'être avantageuse sur le plan monétaire, leur offrait l'énorme avantage d'éviter de tomber dans le piège de l'affrontement.

Lorsque chaque avocat défend les intérêts de l'un des conjoints, sa perspective est de procurer à ce conjoint le maximum d'avantages au détriment parfois des avantages réels des partenaires. Il n'est pas certain, par exemple, que le fait de suggérer à un client d'accuser son conjoint d'inaptitude en ce qui concerne la garde des enfants, sous prétexte d'alcoolisme, soit une stratégie avantageuse pour le couple. L'analyse permet plutôt de constater qu'il s'agit d'une contre-stratégie visant à faire échec à une demande de pension alimentaire exagérée de l'autre conjoint. C'est en tout cas le piège qui guette les conjoints lorsque deux avocats sont engagés dans la même cause. Le conseiller peut, comme tend à le montrer l'expérience du Service de conciliation à la famille de la cour supérieure de Montréal (10), jouer un rôle de médiateur entre les conjoints tout en facilitant leur cheminement grâce à sa compréhension du litige. Il manifeste ainsi son respect pour le couple qui demeure en tout responsable de sa démarche. La responsabilité du conseiller se résume à fournir toutes les informations pertinentes et à guider les conjoints dans la préparation de leur séparation. Un tel conseiller gagnera plus facilement la confiance des conjoints qui verront davantage en lui un guide objectif recherchant la meilleure entente possible pour ses clients. Ce conseiller doit donc être à la fois compétent, respectueux et efficace. Il peut ainsi faire avec les conjoints l'inventaire des motifs de leur rupture. Il peut arriver, compte tenu des raisons invoquées, qu'il suggère la séparation plutôt que le divorce; les conjoints bénéficient ainsi d'une espèce de trève pour réfléchir à l'inventaire des motifs de leur désir de divorcer. Cette réflexion apaise les impulsions qui ne sont pas toujours bonnes conseillères en pareilles situations. Si de cette réflexion émerge le désir persistant de rompre, le conseiller peut engager avec les conjoints une démarche dont l'objectif est la répartition des biens matériels, si l'un des conjoints, habituellement la femme, n'a pas de métier et qu'elle n'a pas contribué financièrement à l'acquisition de ces biens. Il peut aider les conjoints à organiser la garde des enfants, les modalités de visites, de séjour à court terme et à long terme et à délimiter par conséquent l'apport financier de chacun; par exemple, des précisions seront données sur les avantages fiscaux de chaque conjoint; la possibilité sera laissée aux conjoints d'envisager des modifications à leur action conjointe, modifications qu'ils régleront eux-mêmes ou en présence du conseiller.

Nous sommes donc loin des procédures habituelles de divorce qui mobilisent beaucoup plus de monde, coûtent beaucoup plus cher et génèrent beaucoup plus de perturbations psychologiques. Nous retrouvons à peu de chose près dans cette procédure civilisée une démarche sereinement négociée comparable à celle qui a été mise sur pied par le Service de conciliation à la famille de la cour Supérieure de Montréal. Toute autre perspective risque davantage de gonfler le portefeuille des avocats que de favoriser les intérêts des conjoints.

Est-il vraiment avantageux de maintenir autour du divorce le spectre de la déchirure matérielle et psychologique alors qu'une perspective plus réaliste commande la circonspection et l'objectivité? Si la science contribue à démystifier un certain nombre d'énigmes quotidiennes, pourquoi ne pas recourir à la raison pour donner au divorce des proportions plus justes afin de le délivrer des mauvais sorts auxquels l'ont condamné la législation et la tradition religieuse? Les expériences de conciliation pour divorcés menées au Minnesota et au Wisconsin démontrent d'ailleurs que les ententes obtenues par médiation sont meilleures, plus durables et font l'objet de trois fois moins de contestations que les ententes obtenues dans le cadre du processus habituel reposant sur l'accusation (10). La conciliation constitue donc un allégement judiciaire fort appréciable.

Réorganiser sa vie

L'avènement d'un divorce dans la vie d'une personne pose le problème de la réorganisation de sa vie. Pour beaucoup de divorcés, la première réaction consiste à écarter toute nouvelle perspective de mariage. C'est là une perception bien peu réaliste puisque 75% des divorcés se remarient moins d'un an après leur divorce et 90% sont remariés deux ans après (12).

Le défi est de taille pour un divorcé qui veut refaire sa vie et tirer quelque enseignement de l'expérience vécue. En effet, comment concilier une mauvaise expérience de plusieurs années avec un remariage, si hâtif parfois? Un conjoint ne risque-t-il pas, après si peu de temps, de rencontrer un autre partenaire inadéquat et de répéter les mêmes erreurs? Un profond changement de personnalité est peu probable aussi rapidement. Quant au changement des attitudes qui ont causé la rupture du premier mariage, il n'est pas inévitable qu'un conjoint prenne des années à l'opérer. À cause justement de l'impossibilité de changer de personnalité aussi rapidement, le ou la divorcé(e) sentira la nécessité d'une prise de conscience propre à lui éviter les mêmes erreurs dans un second mariage. Cette vigilance sera d'autant plus souhaitable que seront grandes les probabilités pour le ou la divorcé(e) de s'intéresser au même type de personne que son ex-conjoint.

Une des causes possibles de l'empressement à se remarier réside dans la crainte qu'entretient le divorcé de se retrouver seul, aux prises avec l'ennui. Les querelles et discordes, quoique peu favorables au maintien de l'affection, contribuent à maintenir un contact souvent plus facile à supporter que l'absence de tout contact. Le divorce vient justement supprimer ce contact, ce besoin d'une présence engendré par l'habitude de cohabiter, de se menacer dans un climat d'exigences psychologiques étouffantes. Le ou la divorcé(e) semble réagir à ce vide comme le naufragé qui s'accroche à l'embarcation que veut lui ravir une mer déchaînée. Ils ne s'y étaient souvent pas préparés, désireux qu'ils étaient de se défaire de la présence de l'autre. Une fois divorcés, les conjoints ont rompu cet attachement, ce qui les laisse ainsi à eux-mêmes. C'est précisément à l'occasion de moments comme ceux-là qu'il importe au (à la) divorcé(e) d'être convaincu(e) que la présence d'un partenaire, tout en étant souhaitable, n'est pas pour autant indispensable. Croire le contraire risque de l'inciter à se rabattre sur un nouveau partenaire, à première vue agréable, et ainsi à tomber une seconde fois dans le même piège.

L'autre danger menaçant le divorcé est la crainte d'être rejeté s'il vient à faire la connaissance d'un nouveau partenaire intéressant. Corollaire de la crainte de la solitude, la peur du rejet manifeste une préoccupation exagérée d'une éventuelle rupture. Persuadé que l'affection humaine est un besoin irremplaçable, le divorcé, craignant le rejet, se place dans une condition favorable à la répétition de sa première expérience. Or, s'il désire refaire sa vie sans répéter les mêmes erreurs, il aura avantage à se débarrasser de l'exigence qui l'a précisément entraîné dans le gouffre.

Le divorcé nourrit souvent une seconde appréhension lorsqu'il dissout son union; le rejet de sa famille, celle pour qui le divorce est une humiliation, l'ombre au ciel de la constellation familiale. Si un tel rejet est en effet très possible, il n'y a cependant pas lieu d'en faire une catastrophe. Le divorcé décide de rompre son union pour mettre un terme à ses propres difficultés, non pour rechercher l'approbation de la famille. Lorsqu'un conjoint envisage la possibilité de dissoudre son union, la désapprobation fait partie de l'ensemble des données du problème. S'il attache plus d'importance aux liens familiaux qu'aux inconvénients d'un échec conjugal, il renoncera volontiers au divorce. Par contre, s'il attache plus d'importance à son échec conjugal, il devra accepter l'éventualité d'un désaveu familial et s'en accommoder au mieux, sans dramatiser.

Réactions des enfants

Lorsque survient un divorce, certains parents craignent des réactions émotives chez leurs enfants. Cette crainte les incite à un certain nombre de cachotteries. Attitude déplorable qui place le divorcé qui assume la garde des enfants dans une situation délicate lorsqu'il envisage de refaire sa vie. Habités par la culpabilité, de tels parents cherchent par leurs mensonges à minimiser l'impact d'un divorce sur les enfants. L'expérience démontre que la majorité des enfants n'échappent pas à la détresse et à l'angoisse au début de la séparation (12). Ces sentiments disparaissent rapidement lorsque les parents ont confiance en eux-mêmes et en leur vie nouvelle. Spectateurs attentifs d'une telle assurance, beaucoup d'enfants adoptent spontanément l'attitude des parents et réussissent, parfois plus rapidement qu'eux, à s'adapter à de nouvelles conditions de vie. L'âge est évidemment un facteur important. Certains adolescents réagissent mal et jugent immoral un divorce alors que leurs parents, disent-ils, se sont acharnés à les éduquer avec un souci poussé de moralité. D'autres cherchent à réconcilier les parents en organisant des rencontres dont l'objectif officieux est la présence des ex-conjoints. Des différentes réactions émotives des enfants et adolescents se dégage la tendance à imiter celles de leurs parents. Plutôt que de se tracasser considérablement des réactions émotives de leurs enfants, les parents divorcés feraient mieux de se préoccuper d'assainir leurs propres réactions. Quant aux enfants, l'expérience montre qu'ils s'accommodent au moins aussi bien de la vérité que du mensonge.

Si 80% des hommes et 75% des femmes divorcé(e)s se remarient (12), ne vaut-il pas la peine de s'attarder quelques instants aux répercussions de leurs attitudes sur les enfants ou adolescents lors du remariage? Si celui qui a la garde des enfants n'intervient pas habilement lorsque le futur conjoint s'introduit dans la famille, ce dernier risque un rejet massif et persistant de la part des enfants. Souvent perçu comme un intrus, le nouveau partenaire a tout intérêt à accepter ce rejet, qui concerne d'ailleurs rarement sa personne mais plutôt la situation. Il est souvent importun parce qu'une fois le divorce acquis, les enfants entrevoient pour la première fois la possibilité de se rapprocher du conjoint responsable de leur garde; ils envisagent d'un oeil jaloux la possibilité qu'un(e) étranger(ère) vienne modifier ce nouveau climat. Il convient alors pour le nouvel arrivant de faire preuve de diplomatie pour apprivoiser ces enfants farouches. Affronter leur hostilité initiale ne ferait qu'empirer les choses. Sa délicatesse en accord avec une attention soutenue du père ou de la mère finira plus souvent par avoir raison de l'attitude récalcitrante des enfants. Ceux-ci comprendront, chacun à son rythme, qu'ils ne perdent pas leur père ou leur mère, mais qu'ils gagnent un ou une ami(e). C'est donc avec beaucoup de tolérance et d'amour que ce futur beau-père ou cette future belle-mère conquerra leur coeur. Cette démarche devra cependant s'opérer avec adresse et patience car l'enjeu est de taille. N'oublions pas que la conquête de l'amitié des enfants, si elle est souhaitable, n'est pas non plus indispensable.

En dépit du succès d'un second mariage, le conjoint divorcé et remarié n'est pas au bout de ses peines. S'il a réussi à reconquérir un bonheur appréciable, de nouveaux problèmes, typiques d'un remariage, peuvent surgir. En effet, s'il savoure de nombreuses heures de bonheur, son ex-conjoint peut s'immiscer dans le décor de façon plus ou moins déplaisante, au gré de son déséquilibre psychologique et à la faveur, par exemple, de la visite des enfants. Afin de s'éviter des ennuis désagréables, l'ex-divorcé nouvellement marié a donc avantage à stipuler, dans l'entente qui le lie à son ex-conjoint, des modalités très claires et très précises concernant ses rencontres et ses responsabilités face à eux afin justement d'éviter ces fâcheuses surprises. Dans un cas de divorce où les conjoints jouissent d'un équilibre psychologique suffisant, ces ennuis sont peu probables. Si l'un des conjoints est sérieusement déséquilibré, des ententes même claires et précises pourraient s'avérer insuffisantes. La garde, périodique ou permanente, de ses enfants en plus de ceux de son nouveau conjoint lorsque ce dernier en a est une source d'ennuis pour le divorcé remarié. Comme dans le cas du remariage du père ou de la mère, les enfants auront à faire face à une période d'acclimatation qui sera facilitée par leur jeune âge, l'attitude ouverte et la tolérance des parents. D'autres difficultés enfin peuvent survenir entre la famille du conjoint qu'il délaisse et celle dans laquelle il fait son entrée. Il peut arriver, en effet, que l'ex-conjoint, à l'instigation de certains membres de sa famille, soit déséquilibré au point d'exercer des mesures de représailles à l'endroit du conjoint remarié. J'ai reçu un jour en consultation un certain Pierre dont les beaux-frères ne prisaient pas particulièrement le projet de divorce. Lorsqu'il entreprit des procédures, ceux-ci le menacèrent, s'il persistait dans son projet, de recourir à des actes de vandalisme à la résidence de sa future partenaire; sa

femme envisageait cette rupture avec énormément d'amertume. Il eut à déployer beaucoup de diplomatie et à solliciter une assistance policière plus convaincante avant de
quitter définitivement sa femme. Toutes ces éventualités
devraient donc être considérées par le divorcé qui envisage un
remariage. Une telle précaution l'amènera à prendre des
moyens pour en contrer, au moins en partie, les inconvénients.
Toutes ces considérations invitent, par conséquent, le ou la
divorcé(e) à préparer un second mariage avec autant sinon
plus d'attention qu'un premier.

Conclusion

L'amélioration de la scolarisation a largement contribué à libérer la société d'un bon nombre de tabous culturels et à lancer l'être humain sur la voie d'un développement technologique impressionnant. Cependant les droits de cette révolution culturelle se font encore largement attendre; il suffit d'examiner avec un peu d'esprit critique l'évolution à pas de tortue du développement humain. L'augmentation constante des divorces depuis une quinzaine d'années en particulier est en train d'illustrer de façon fort convaincante que la perspective traditionnelle du mariage repose sur des assises instables. L'ampleur des insatisfactions sexuelles, des conflits découlant d'ennuis financiers et des inhabiletés chroniques à communiquer efficacement, causes principales de tant de divorces, en sont les illustrations les plus notoires. Plusieurs convictions traditionnellement admises comme le besoin inconsidéré d'affection pour être heureux et l'exigence illusoire de fidélité sexuelle absolue ont contribué à ébranler sinon à détruire de nombreuses unions conjugales dont un esprit critique plus développé aurait prévenu la dissolution.

Tout au long de cet exposé vous avez sans doute pu constater l'importance attachée à l'utilisation de la raison. C'est un instrument auquel nous ne sommes pas habitués de recourir en pareille situation parce que la tradition a fait des fréquentations et du mariage une affaire de coeur où l'amour devait cimenter les ressemblances et aplanir les dissemblances. L'importance d'envisager le mariage d'abord comme une entreprise a été abondamment illustrée dans cet ouvrage qui aura, nous l'espérons, servi à mettre l'accent sur la compatibilité de personnalité des candidats au mariage, sur leurs aspirations professionnelles respectives, sur les différents types d'affections possibles, sur leurs préoccupations quant à l'éducation des enfants, à leur autonomie psychologique et matérielle et à la communication interpersonnelle efficace.

Par rapport à la conception romantique du mariage, le recours plus systématique à la raison, qui apaise les émotions, apparaît sans doute moins spectaculaire mais combien plus prometteur de stabilité et d'efficacité dans l'union conjugale. Dans le mariage comme dans toute entreprise ou organisation fiable, il n'y a guère de place pour l'improvisation. Il est plutôt rare qu'un succès durable couronne une préparation brève et rudimentaire dont résultent au contraire habituellement de longs et pénibles efforts. Le mariage n'échappe pas à cette règle. Les futurs conjoints auront encore une fois à choisir entre la gratification immédiate d'une union épidermique avec son cortège d'émotions intenses mais éphémères et la sérénité à long terme d'un mariage contracté intelligemment, prometteur d'émotions discrètes mais stables. En dépit des apparences souvent trompeuses, le bonheur choisit toujours la seconde avenue.

Références

1. Auger, L. (1979), *L'amour, de l'exigence à la préférence*, Montréal, Les Éditions de l'Homme, Éditions du CIM.

2. Branden, N. (1981), *La psychologie de l'amour romantique*, Montréal, les Éditions de l'Homme, Éditions du CIM.

3. Dupras, A. et Levy, J.J. (1980), "L'extramaritalité, facteur de rupture dans le couple québécois", *Revue québécoise de sexologie*, 1 (no 4), 248-251.

4. Ellis, A. et Harper, R.A. (1961), *L'Art et la science du mariage*, Paris, Laffont, traduction Pierre Charles.

5. Gemme, R. et Crépault C. (1979), "Prospectives concernant les relations prémaritales au Québec", *Revue québécoise de sexologie*, 1 (no 2), 88-96.

6. Gordon, T. (1979), *Enseignants efficaces*, Montréal, Les Éditions du jour, traduction Luc Bernard Lalanne.

7. Granger, L. (1980), *La communication dans le couple*, Montréal, Les Éditions de l'Homme, Éditions du CIM.

8. Langelier, R. (1980), "Sexualité et divorce", *Revue québécoise de sexologie*, 1 (no 4), 252-258.

9. O'Neil, N. et O'Neil, G. (1972), *Le mariage open,* Montréal, Select, traduction Marthe Teyssedre et Jacques Darcueil.

10. Rivard, M. (1982), *Justice*, septembre, pp. 8-14.

11. Roy, M.A. (1980), "Quelques questions à propos du renouement conjugal", *Revue québécoise de sexologie*, 1 (no 4) 259-263.

12. Weiss, R.S. (1975), *La séparation du couple*, Montréal, Les Éditions de l'Homme, traduction Claire Dupond.

Tables des matières

Domino

BIOGRAPHIES

Histoire de Marcel, L', Mailloux Marcel

ÉSOTÉRISME

Dictionnaire des rêves, Créola Gilbert

PSYCHOLOGIE

Connaissance de soi par les tests, Depre Tara
Rythmes de votre corps, Les, Weston Lee

Vieillir c'est revivre, Parent Adrienne

ROMANS/ESSAIS

Bel amour, Le, Viau Serge
Célébrité, Thompson Thomas
Cette maison est hantée, Playfair Guy Lyon

Crescent Street, Jasper Ron
Dame en couleurs, La, Rinfret Louise
Étrange cas de Crista Spalding, L', Katz William

LES EDITIONS DE L'HOMME

ANIMAUX

* **Art du dressage, L',** Chartier Gilles
Bien nourrir son chat, D'Orangeville Christian
Cheval, Le, Leblanc Michel
Chien dans votre vie, Le, Margolis Matthew et Swan Marguerite
* **Éducation du chien de 0 à 6 mois, L',** DeBuyser Dr Colette et Dr Dehasse Joä
Encyclopédie des oiseaux, Godfrey W. Earl
Mammifères de mon pays, Duchesnay St-Denis J. et Dumais Rolland
* **Mon chat, le soigner le guérir,** D'Orangeville Christian
Observations sur les mammifères, Provencher Paul

Papillons du Québec, Veilleux Christian et Prévost Bernard
Petite ferme, T. 1, Les animaux, Trait Jean-Claude
Vous et votre berger allemand, Eylat Martin
Vous et votre caniche, Shira Sav
Vous et votre chat de gouttière, Gadi Sol
Vous et votre labrador, Van Der Heyden Pierre
Vous et vos oiseaux de compagnie, Huard-Viau Jacqueline
Vous et votre persan, Gadi Sol
Vous et vos poissons d'aquarium, Ganiel Sonia
Vous et votre siamois, Eylat Odette

ARTISANAT/ARTS MÉNAGERS

Appareils électro-ménagers, Prentice-Hall of Canada
* **Art du pliage du papier,** Harbin Robert
Artisanat québécois, T. 1, Simard Cyril

Artisanat québécois, T. 2, Simard Cyril
Artisanat québécois, T. 3, Simard Cyril
Bon Fignolage, Le, Arvisais Dolorès A.
Coffret artisanat, Simard Cyril

ART CULINAIRE

Poissons et fruits de mer, Sansregret Berthe

Recettes au blender, Huot Juliette

Recettes canadiennes de Laura Secord, Canadian Home Economics Association

Recettes de gibier, Lapointe Suzanne

Recettes de maman, Les, Lapointe Suzanne

Recettes Molson, Beaulieu Marcel

Robot culinaire, Le, Martin Pol

Salades, sandwichs, hors-d'oeuvre, Martin Pol

BIOGRAPHIES POPULAIRES

Boy George, Ginsberg Merle

Coffret Duplessis

Daniel Johnson, T. 1, Godin Pierre

Daniel Johnson, T. 2, Godin Pierre

Daniel Johnson — Coffret, Godin Pierre

Duplessis, T. 1 — L'ascension, Black Conrad

Duplessis, T. 2 — Le pouvoir, Black Conrad

Dynastie des Bronfman, La, Newman Peter C.

Establishment canadien, L', Newman Peter C.

Frère André, Le, Lachance Micheline

Mastantuono, Mastantuono Michel

Maurice Richard, Pellerin Jean

Mulroney, Macdonald L.I.

Nouveaux Riches, Les, Newman Peter C.

Prince de l'église, Le, Lachance Micheline

Saga des Molson, La, Woods Shirley

DIÉTÉTIQUE

Contrôlez votre poids, Ostiguy Dr Jean-Paul

* **Cuisine sage,** Lambert-Lagacé Louise

Diététique dans la vie quotidienne, Lambert-Lagacé Louise

* **Maigrir en santé,** Hunter Denyse

* **Menu de santé,** Lambert-Lagacé Louise

Nouvelle cuisine santé, Hunter Denyse

Oubliez vos allergies et... bon appétit, Association de l'information sur les allergies

Petite & grande cuisine végétarienne, Bédard Manon

Recettes pour aider à maigrir, Ostiguy Dr Jean-Paul

* **Régimes pour maigrir,** Beaudoin Marie-Josée

Sage Bouffe de 2 à 6 ans, La, Lambert-Lagacé Louise

Weight Watchers — cuisine rapide et savoureuse, Weight Watchers

DIVERS

Chaînes stéréophoniques, Les, Poirier Gilles

Chômage: mode d'emploi, Limoges Jacques

Conseils aux inventeurs, Robic Raymond

Protégeons-nous, Trebilcock Michael et Mcneil Patricia

Roulez sans vous faire rouler, T. 3, Edmonston Philippe

Savoir vivre d'aujourd'hui, Fortin Jacques Marcelle

Temps des fêtes au Québec, Le, Montpetit Raymond

Tenir maison, Gaudet-Smet Françoise

Weight Watchers-Agenda 85 — Français, Weight Watchers

Weight Watchers-Agenda 85 — Anglais, Weight Watchers

ENFANCE

* **Aider son enfant en maternelle,** Pedneault-Pontbriand Louise

* **Aidez votre enfant à explorer l'espace de son environnement,** Calvet Didier

* **Aidez votre enfant à lire et à écrire,** Doyon-Richard Louise

Aidez votre enfant à lire et à écrire, Doyon-Richard Louise

Alimentation futures mamans, Gougeon Réjeanne et Sekely Trude

Années clés de mon enfant, Les, Caplan Frank et Theresa

* **Autorité des parents dans la famille,** Rosemond John K.

Avoir des enfants après 35 ans, Robert Isabelle

PHOTOGRAPHIE (ÉQUIPEMENT ET TECHNIQUE)

* Apprenez la photographie avec Antoine Desilets, Desilets Antoine

Chasse photographique, La, Coiteux Louis

8/Super 8/16, Lafrance André

Initiation à la Photographie-Canon, London Barbara

Initiation à la Photographie-Minolta, London Barbara

Initiation à la Photographie-Nikon, London Barbara

Initiation à la Photographie-Olympus, London Barbara

Initiation à la Photographie-Pentax, London Barbara

Initiation à la photographie, London Barbara

* Je développe mes photos, Desilets Antoine

* Je prends des photos, Desilets Antoine

* Photo à la portée de tous, Desilets Antoine

Photo guide, Desilets Antoine

* Technique de la photo, La, Desilets Antoine

PSYCHOLOGIE

Âge démasqué, L', De Ravinel Hubert

* Aider mon patron à m'aider, Houde Eugène

* Amour de l'exigence à la préférence, Auger Lucien

Au-delà de l'intelligence humaine, Pouliot Élise

Auto-développement, L', Garneau Jean

Bonheur au travail, Le, Houde Eugène

Bonheur possible, Le, Blondin Robert

Chimie de l'amour, La, Liebowitz Michael

* Coeur à l'ouvrage, Lefebvre Gérald

Coffret psychologie moderne

Colère, La, Tavris Carol

* Comment animer un groupe, Office Catéchèse

* Comment avoir des enfants heureux, Azerrad Jacob

* Comment déborder d'énergie, Simard Jean-Paul

Comment vaincre la gêne, Catta Rene-Salvator

* Communication & épanouissement personnel, Auger Lucien

* Communication dans le couple, Granger Luc

Comprendre la névrose et aider les névrosés, Ellis Albert

* Contact, Zunin Nathalie

* Courage de vivre, Le, Kiev Docteur A.

Courage & discipline au travail, Houde Eugène

Dynamique des groupes, Aubry J.-M. et Saint-Arnaud Y.

Élever des enfants sans perdre la boule, Auger Lucien

* Émotivité & efficacité au travail, Houde Eugène

* Être soi-même, Corkille Briggs, D.

* Facteur chance, Le, Gunther Max

* Fantasmes créateurs, Les, Singer Jérôme

* J'aime, Saint-Arnaud Yves

Journal intime intensif, Progoff Ira

* Mise en forme psychologique, Corrière Richard

* Parle-moi... J'ai des choses à te dire, Salome Jacques

Penser Heureux, Auger Lucien

* Personne humaine, La, Saint-Arnaud Yves

* Première impression, La, Kleinke Chris, L.

Prévenir & surmonter la déprime, Auger Lucien

* Psychologie dans la vie quotidienne, Blank Dr Léonard

* Psychologie de l'amour romantique, Braden docteur N.

* Qui es-tu grand-mère? Et toi grand-père?, Eylat Odette

* S'affirmer & communiquer, Beaudry Madeleine

* S'aider soi-même, Auger Lucien

* S'aider soi-même davantage, Auger Lucien

* S'aimer pour la vie, Wanderer Dr Zev

* Savoir organiser, savoir décider, Lefebvre Gérald

* Savoir relaxer et combattre le stress, Jacobson Dr Edmund

* Se changer, Mahoney Michael

* Se comprendre soi-même par des tests, Collectif

* Se concentrer pour être heureux, Simard Jean-Paul

Se connaître soi-même, Artaud Gérard

* Se contrôler par biofeedback, Ligonde Paultre
* Se créer par la Gestalt, Zinker Joseph
* S'entraider, Limoges Jacques
* Se guérir de la sottise, Auger Lucien
Séparation du couple, La, Weiss Robert S.
Sexualité au bureau, La, Horn Patrice
Tendresse, La, Wölfl Norbert
* Vaincre ses peurs, Auger Lucien
Vivre à deux: plaisir ou cauchemar, Duval Jean-Marie
* Vivre avec sa tête ou avec son coeur, Auger Lucien
Vivre c'est vendre, Chaput Jean-Marc
* Vivre jeune, Waldo Myra
* Vouloir c'est pouvoir, Hull Raymond

ROMAN & ESSAI

Adieu Québec, Bruneau André
Bien-pensants, Les, Berton Pierre
Bousille et les justes, Gélinas Gratien
Coffret Establishment canadien, Newman Peter C.
Coffret Joey C.P., Susan Goldenberg
Commettants de Caridad, Les, Thériault Yves
Deux innocents en Chine Rouge, Hébert Jacques
Dome, Jim Lyon
Emprise, L', Brulotte Gaétan
Helga, Bender Erich F.
IBM, Sobel Robert
Insolences du Frère Untel, Les, Untel Frère
ITT, Sobel Robert
J'parle tout seul, Coderre Émile
Lamia, Thyrand de Vosjoli P.L.
Nadia, Aubin Benoît
Oui, Lévesque René
Premiers sur la lune, Armstrong Neil
Telle est ma position, Mulroney Brian
Terrorisme québécois, Le, Morf Gustave
Vrai visage de Duplessis, Le, Laporte Pierre

SANTÉ ET ESTHÉTIQUE

Allergies, Les, Delorme Dr Pierre
Art de se maquiller, L', Moizé Alain
* Bien vivre sa ménopause, Gendron Dr Lionel
Bronzer sans danger, Doka Bernadette
* Cellulite, La, Ostiguy Dr Jean-Paul
Cellulite, La, Léonard Gérard
Face lifting par l'exercice, Le, Runge Senta Maria
* Guérir ses maux de dos, Hall Dr Hamilton
Médecine esthétique, La, Lanctot Guylaine
Santé, un capital à préserver, Peeters E.G.
Coffret 30 jours
30 jours pour avoir de beaux cheveux, Davis Julie
30 jours pour avoir de beaux ongles, Bozic Patricia
30 jours pour avoir de beaux seins, Larkin Régina
30 jours pour avoir de belles cuisses, Stehling Wendy
30 jours pour avoir de belles fesses, Cox Déborah
30 jours pour avoir un beau teint, Zizmor Dr Jonathan
30 jours pour cesser de fumer, Holland Gary, Weiss Herman
30 jours pour mieux organiser, Holland Gary
30 jours pour perdre son ventre, Burstein Nancy
30 jours pour perdre son ventre (homme), Matthews Roy, Burnstein Nancy
30 jours pour redevenir un couple amoureux, Nida Patricia K., Cooney Kevin
30 jours pour un plus grand épanouissement sexuel, Schneider Alan, Laiken Deidre

SEXOLOGIE

Adolescente veut savoir, L', Gendron Lionel
Fais voir, Fleischhaner H.
Guide illustré du plaisir sexuel, Corey Dr Robert E.
Plaisir partagé, Le, Gary-Bishop Hélène
* Première expérience sexuelle, La, Gendron Lionel
* Sexe au féminin, Le, Kerr Carmen

* **Sexualité du jeune adolescent,** Gendron Lionel
* **Sexualité dynamique, La,** Lefort Dr Paul
* **Shiatsu et sensualité,** Rioux Yuki
Un doux équilibre, King Annabelle

SPORTS

Collection sport: dirigée par **LOUIS ARPIN**
100 trucs de billard, Morin Pierre
5BX Le programme pour être en forme
Apprenez à patiner, Marcotte Gaston
* **Armes de chasse, Les,** Petit Martinon Charles
* **Badminton, Le,** Corbeil Jean
* **Canoe-kayak, Le,** Ruck Wolf
* **Carte et boussole,** Kjellstrom Bjorn
Chasse & gibier du Québec, Bergeron Raymond
Chasseurs sachez chasser, Lapierre Lucie
* **Comment se sortir du trou au golf,** Brien Luc
* **Comment vivre dans la nature,** Rivière Bill
* **Corrigez vos défauts au golf,** Bergeron Yves
Devenir gardien de but au hockey, Allaire François
Encyclopédie de la chasse au Québec, Leiffet Bernard
Entraînement, poids-haltères, L', Ryan Frank
Exercices à deux, Gregor Carol
Golf au féminin, Le, Bergeron Yves
Grand livre des sports, Le, Le groupe Diagram
Guide complet du judo, Arpin Louis
* **Guide complet du self-defense,** Arpin Louis
Guide d'achat de l'équipement de tennis, Chevalier Richard, Gilbert Yvon
* **Guide de survie de l'armée américaine**
Guide des jeux scouts, Association des scouts
Guide du judo au sol, Arpin Louis
Guide du self-defense, Arpin Louis
Guide du trappeur, Le, Provencher Paul
Hatha yoga, Piuze Suzanne
* **J'apprends à nager,** Lacoursière Réjean
* **Jogging,** Chevalier Richard
Jouez gagnant au golf, Brien Luc
Larry Robinson, le jeu défensif, Robinson Larry
Lutte olympique, La, Sauvé Marcel
* **Manuel de pilotage,** Transports Canada

* **Marathon pour tous,** Anctil Pierre
* **Médecine sportive,** Mirkin Dr Gabe
Mon coup de patin, Wild John
* **Musculation pour tous,** Laferrière Serge
Natation de compétition, La, Lacoursière Réjean
Partons en camping, Satterfield Archie, Bauer Eddie
Partons sac au dos, Satterfield Archie, Bauer Eddie
Passes au hockey, Les, Champleau Claude
Pêche au Québec, La, Chamberland Michel
Pêche à la mouche, La, Marleau Serge
Pêche à la mouche, Vincent Serge-J.
* **Planche à voile, La,** Maillefer Gérald
* **Programme XBX,** Aviation Royale du Canada
Provencher, le dernier coureur des bois, Provencher Paul
Racquetball, Corbeil Jean
Racquetball plus, Corbeil Jean
Raquette, La, Osgoode William
* **Règles du golf, Les,** Bergeron Yves
Rivières & lacs canotables, Fédération québécoise du canot-camping
* **S'améliorer au tennis,** Chevalier Richard
Secrets du baseball, Les, Raymond Claude
Ski de fond, Le, Caldwell John
Ski de fond, Le, Roy Benoît
* **Ski de randonnée, Le,** Corbeil Jean
Soccer, Le, Schwartz Georges
* **Sport, santé et nutrition,** Ostiguy Dr Jean
Stratégie au hockey, Meagher John W.
Surhommes du sport, Les, Desjardins Maurice
* **Taxidermie, La,** Labrie Jean
Techniques du billard, Morin Pierre
* **Technique du golf,** Brien Luc
Techniques du hockey en URSS, Dyotte Guy
* **Techniques du tennis,** Ellwanger
* **Tennis, Le,** Roch Denis
Tous les secrets de la chasse, Chamberland Michel
Vivre en forêt, Provencher Paul
Voie du guerrier, La, Di Villadorata
Yoga des sphères, Le, Leclerq Bruno

**le jour,
éditeur**

ANIMAUX

Guide du chat et de son maître, Laliberté Robert
Guide du chien et de son maître, Laliberté Robert

Poissons de nos eaux, Melançon Claude

ART CULINAIRE ET DIÉTÉTIQUE

Armoire aux herbes, L', Mary Jean
Breuvages pour diabétiques, Binet Suzanne
Cuisine du jour, La, Pauly Robert
Cuisine sans cholestérol, Boudreau-Pagé
Desserts pour diabétiques, Binet Suzanne
Jus de santé, Les, Brunet Jean-Marc

Mangez, réfléchissez et devenez svelte, Kothkin Leonid
Nutrition de l'athlète, Brunet Jean-Marc
Recettes Soeur Berthe — été, Sansregret soeur Berthe
Recettes Soeur Berthe — printemps, Sansregret soeur Berthe

ARTISANAT/ARTS MÉNAGERS

Décoration, La, Carrier Diane
Diagrammes de courtepointes, Faucher Lucille
Douze cents nouveaux trucs, Grisé-Allard Jeanne

Encore des trucs, Grisé-Allard Jeanne
Mille trucs madame, Grisé-Allard Jeanne
Toujours des trucs, Grisé-Allard Jeanne

DIVERS

Administrateur de la prise de décision, L', Filiatreault P., Perreault, Y.G.
Administration, développement, Laflamme Marcel
Assemblées délibérantes, Béland Claude
Assoiffés du crédit, Les, Féd. des A.C.E.F.
Baie James, La, Bourassa Robert
Bien s'assurer, Boudreault Car
Cent ans d'injustice, Hertel François
Ces mains qui vous racontent, Boucher André-Pierre
550 métiers et professions, Charneux Helmy
Coopératives d'habitation, Les, Leduc Murielle
Dangers de l'énergie nucléaire, Les, Brunet Jean-Marc
Dis papa c'est encore loin, Corpatnauy Francis
Dossier pollution, Chaput Marcel
Énergie aujourd'hui et demain, De Martigny François

Entreprise, le marketing et, L', Brousseau
Forts de l'Outaouais, Les, Dunn Guillaume
Grève de l'amiante, La, Trudeau Pierre
Guide de l'aventure, Bertolino Nicole et Daniel
Hiérarchie ethnique dans la grande entreprise, Rainville Jean
Impossible Québec, Brillant Jacques
Initiation au coopératisme, Béland Claude
Julius Caesar, Roux Jean-Louis
Lapokalipso, Duguay Raoul
Lune de trop, Une, Gagnon Alphonse
Manifeste de l'infonie, Duguay Raoul
Mouvement coopératif québécois, Deschêne Gaston
Obscénité et liberté, Hébert Jacques
Philosophie du pouvoir, Blais Martin
Pourquoi le bill 60, Gérin-Lajoie P.
Stratégie & organisation, Desforges Jean, Vianney C.
Trois jours en prison, Hébert Jacques

Vers un monde coopératif, Davidovic Georges
Vivre sur la terre, St-Pierre Hélène

Voyage à Terre-Neuve, De Gébineau comte

ENFANCE

Aidez votre enfant à choisir, Simon Dr Sydney B.
Deux caresses par jour, Minden Harold
* **Enseignants efficaces,** Gordon Thomas
Être mère, Bombeck Erma

Parents efficaces, Gordon Thomas
Parents gagnants, Nicholson Luree
Psychologie de l'adolescent, Pérusse-Cholette Françoise
1500 prénoms et significations, Grise Allard J.

ÉSOTÉRISME

* **Astrologie et la sexualité, L',** Justason Barbara
Astrologie et vous, L', Boucher André-Pierre
* **Astrologie pratique, L',** Reinicke Wolfgang
Faire sa carte du ciel, Filbey John
* **Géomancie, La,** Hamaker Karen
Grand livre de la cartomancie, Le, Von Lentner G.
* **Grand livre des horoscopes chinois, Le,** Lau Theodora
Graphologie, La, Cobbert Anne

* **Horoscope & énergie psychique,** Hamaker-Zondag
Horoscope chinois, Del Sol Paula
Lu dans les cartes, Jones Marthy
* **Pendule & baguette,** Kirchner Georg
* **Pratique du tarot, La,** Thierens E.
Preuves de l'astrologie, Comiré André
Qui êtes-vous? L'astrologie répond, Tiphaine
Synastrie, La, Thornton Penny
Traité d'astrologie, Hirsig Huguette
Votre destin par les cartes, Dee Nerys

HISTOIRE

Administration en Nouvelle-France, L', Lanctot Gustave
Crise de la conscription, La, Laurendeau André
Histoire de Rougemont, Bédard Suzanne
Lutte pour l'information, La, Godin Pierre

Mémoires politiques, Chaloult René
Rébellion de 1837, Saint-Eustache, Globensky Maximilien
Relations des Jésuites T. 2
Relations des Jésuites T. 3
Relations des Jésuites T. 4
Relations des Jésuites T. 5

JEUX & DIVERTISSEMENTS

Backgammon, Lesage Denis

LINGUISTIQUE

Des mots et des phrases, T. 1, Dagenais Gérard
Des mots et des phrases, T. 2, Dagenais Gérard

Joual de Troie, Marcel Jean

NOTRE TRADITION

Ah mes aïeux, Hébert Jacques
Lettre à un Français qui veut émigrer au Québec, Dubuc Carl

OUVRAGES DE RÉFÉRENCE

Règles d'or de la vente, Les, Kahn George N.

PSYCHOLOGIE

* **Adieu,** Halpern Dr Howard
* **Agressivité créatrice,** Bach Dr George
* **Aimer son prochain comme soi-même,** Murphy Joseph
* **L'Anti-stress,** Eylat Odette
Arrête! tu m'exaspères, Bach Dr George
Art d'engager la conversation et de se faire des amis, L', Gabor Don
* **Art d'être égoïste, L',** Kirschner Josef
* **Art de convaincre, L',** Ryborz Heinz
* **Au centre de soi,** Gendlin Dr Eugène
* **Auto-hypnose, L',** Le Cron M. Leslie
Autre femme, L', Sevigny Hélène
* **Bien dans sa peau grâce à la technique Alexander,** Stransky Judith
Ces vérités vont changer votre vie, Murphy Joseph
Chemin infaillible du succès, Le, Stone W. Clément
Clefs de la confiance, Les, Gibb Dr Jack
Comment aimer vivre seul, Shanon Lynn
* **Comment devenir des parents doués,** Lewis David
* **Comment dominer & influencer les autres,** Gabriel H.W.
Comment s'arrêter de fumer, Mc Farland J. Wayne
* **Comment vaincre la timidité en amour,** Weber Éric
Contacts en or avec votre clientèle, Sapin Gold Carol
* **Contrôle de soi par la relaxation,** Marcotte Claude
Découvrez l'inconscient par la parapsychologie, Ryzl Milan
* **Devenir autonome,** St-Armand Yves
* **Dire oui à l'amour,** Buscaglia Léo
Enfants du divorce se racontent, Les, Robson Bonnie
* **Ennemis intimes,** Bach Dr George
Espaces intérieurs, Les, Eisenberg Dr Howard
États d'esprit, Glasser Dr William
* **Être efficace,** Hanot Marc
Être homme, Goldberg Dr Herb
* **Fabriquer sa chance,** Gittenson Bernard
Famille moderne et son avenir, La, Richards Lyn

Gagner le match, Gallwey Timothy
Gestalt, La, Polster Erving
Guide de l'urgence-stress, Reuben Dr David
Guide du succès, Le, Hopkins Tom
L'Harmonie, une poursuite du succès, Vincent Raymond
* **Homme au dessert, Un,** Friedman Sonya
* **Homme nouveau, L', Bodymind,** Dychtwald Ken
* **Jouer le tout pour le tout,** Frederick Carl
Maigrir sans obsession, Orbach Susie
Maîtriser la douleur, Bogin Meg
Maîtriser son destin, Kirschner Josef
* **Mangez ce qui vous chante,** Pearson Dr Léo
Manifester son affection, Bach Dr George
* **Mémoire, La,** Loftus Elizabeth
* **Mémoire à tout âge, La,** Dereskey Ladislaus
* **Mère et fille,** Horwick Kathleen
* **Miracle de votre esprit,** Murphy Joseph
* **Mort et après, La,** Ryzl Milan
* **Négocier entre vaincre et convaincre,** Warschaw Dr Tessa
* **On n'a rien pour rien,** Vincent Raymond
* **Oracle de votre subconscient,** Murphy Joseph
Paradigme holographique, Le, Wilber Ken
Parapsychologie, La, Ryzl Milan
* **Parlez pour qu'on vous écoute,** Brien Micheline
* **Partenaires,** Bach Dr George
Passion du succès, La, Vincent Raymond
* **Pensée constructive & bon sens,** Vincent Dr Raymond
* **Penser mieux,** Lewis Dr David
Personnalité, La, Buscaglia Léo
Personne n'est parfait, Weisinger Dr H.
Pourquoi ne pleures-tu pas?, Yahraes Herbert, McKnew Donald H. Jr., Cytryn Leon
Pouvoir de votre cerveau, Le, Brown Barbara
Prospérité, La, Roy Maurice
* **Psy-jeux,** Masters Robert

ROMANS/ESSAIS

SANTÉ

Échec au vieillissement prématuré, Blais J.
Greffe des cheveux vivants, Guy Dr
Guérir votre foie, Brunet Jean-Marc
Information santé, Brunet Jean-Marc
Libérez-vous de vos troubles, Saponaro Aldo
Magie en médecine, Silva Raymond
Maigrir naturellement, Lauzon Jean-Luc
Mort lente par le sucre, Duruisseau Jean-Paul
40 ans, âge d'or, Taylor Eric
Recettes naturistes pour arthritiques et rhumatisants, Cuillerier Luc
Santé de l'arthritique et du rhumatisant, Labelle Yvan
* Tao de longue vie, Le, Soo Chee
Vos aliments sont empoisonnés, Leduc Paul

SEXOLOGIE

* Aimer les hommes pour toutes sortes de bonnes raisons, Nir Dr Yehuda
* Apprentissage sexuel au féminin, L', Kassorla Irène
* Comment faire l'amour à un homme, Penney Alexandra
* Comment faire l'amour à une femme, Morgenstern Michael
* Comment faire l'amour ensemble, Penney Alexandra
* Comment séduire les filles, Weber Éric
Dépression nerveuse et le corps, La, Lowen Dr Alexander
Drogues, Les, Boutot Bruno
* Femme célibataire et la sexualité, La, Robert M.
* Jeux de nuit, Bruchez Chantal
* Massage en profondeur, Le, Bélair Michel
Massage pour tous, Le, Morand Gilles
* Orgasme au féminin, L', L'heureux Christine
* Orgasme au masculin, L', Boutot Bruno
* Orgasme au pluriel, L', Boudreau Yves
Première fois, La, L'Heureux Christine
Rapport sur l'amour & la sexualité, Brecher Edward
Sexualité expliquée aux adolescents, La, Boudreau Yves
Sexualité expliquée aux enfants, La, Cholette Pérusse F.

SPORTS

Baseball-Montréal, Leblanc Bertrand
Chasse au Québec, Deyglun Serge
Chasse et gibier du Québec, Guardo Greg
Exercice physique pour tous, Bohemier Guy
Grande forme, Baer Brigitte
Guide des pistes cyclables, Guy Côté
Guide des rivières du Québec, Fédération canot-kayac
Lecture des cartes, Godin Serge
Offensive rouge, L', Boulonne Gérard
Pêche et coopération au Québec, Larocque Paul
Pêche sportive au Québec, Deyglun Serge
Raquette, La, Lortie Gérard
Santé par le yoga, Piuze Suzanne
Saumon, Le, Dubé Jean-Paul
Ski nordique de randonnée, Brady Michael
Technique canadienne de ski, O'Connor Lorne
Truite et la pêche à la mouche, La, Ruel Jeannot
Voile, un jeu d'enfants, La, Brunet Mario

ASTROLOGIE

Ciel de mon pays, Le, T. 1, Haley Louise
Ciel de mon pays, Le, T. 2, Haley Louise

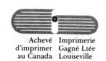

Achevé   Imprimerie
d'imprimer   Gagné Ltée
au Canada   Louiseville